Entrenamiento en asertividad

Cómo dejar de complacer a la gente y de preocuparse por lo que piensen los demás, a la vez que se vuelve más asertivo sin ofender a otros

Tabla de contenidos

Introducción

Por fundamental que deba ser, la asertividad no siempre es una habilidad fácil de adquirir o desarrollar, y a menudo se pasa por alto a las personas que carecen de ella. Si siente que sus ideas no son escuchadas o son desestimadas, probablemente se deba a que no es asertivo. O bien está dispuesto a aceptar las opiniones de los demás o teme expresar las suyas propias. Aunque a veces vale la pena permanecer pasivo, en la mayoría de los casos, no lo es. Como aprenderá en este libro, el comportamiento no asertivo suele acarrear muchos problemas, incluidos arrebatos agresivos seguidos de arrepentimiento instantáneo, mientras que mostrarse asertivo sin ser grosero u ofensivo tiene muchos beneficios. Sin embargo, a menudo es más fácil decirlo que hacerlo porque sus emociones gobiernan sus pensamientos y, la mayoría de las veces, éstas le impiden decir lo que piensa.

Este libro proporciona multitud de técnicas prácticas para descubrir las emociones que se esconden tras un comportamiento no asertivo. También encontrará varios ejercicios aptos para principiantes para superar la mentalidad de complacer a la gente, otra de las razones por las que puede tener problemas para expresar sus opiniones. Querer conservar una relación está muy bien, pero no cuando le hace sentir que sus necesidades no son validadas. Una de las mejores maneras de asegurarse de que sus necesidades y opiniones son validadas es establecer límites. Mostrar a la gente cómo espera que se comporten en las relaciones con usted es el trampolín perfecto para aprender a ser asertivo en diferentes ámbitos de su vida.

Otro tema tratado a fondo en este libro es decir no. Al igual que decir que sí a las opiniones de los demás, decir que no a sus peticiones puede suponer un reto porque puede tener la sensación de que, al hacerlo, parecerá prepotente, ofensivo y poco atento. Sin embargo, ser asertivo no es lo mismo que ser agresivo. Afortunadamente, hay algunas formas excelentes de evitarlo, y las aprenderá en el capítulo correspondiente. También tendrá la oportunidad de identificar las mejores formas de dejar de preocuparse por lo que los demás piensen de usted, de sus pensamientos y de sus acciones.

Llegar a ser asertivo requiere mucho tiempo y dedicación. A lo largo de los cuatro últimos capítulos, conocerá técnicas aún más prácticas para aplicar la asertividad en su vida, empezando por su lenguaje corporal. Aquí aprenderá que es tan crucial dejar un espacio como gobernar una conversación manteniendo una postura segura. Esto le ayudará a respaldar sus palabras siempre que decida decir lo que piensa. Y lo que es más importante, las técnicas que aprenderá le ayudarán a no sentirse culpable incluso cuando exprese con firmeza su opinión durante conflictos y discusiones.

Por último, descubrirá cómo poner en práctica todas las técnicas que ha aprendido en diferentes tipos de relaciones y hacer que éstas sean más sanas y equilibradas. Al mejorar su estilo de comunicación, también será más productivo en todos los ámbitos de la vida y logrará todos los objetivos que se proponga. Si está preparado para embarcarse en este viaje y ser más asertivo, continúe leyendo.

Capítulo 1: Entender qué es la asertividad

La asertividad es una habilidad social muy deseable - con muchos beneficios - y se utiliza para crear hábitos de comunicación eficaces. Sin embargo, antes de profundizar en los aspectos específicos de cómo llegar a ser asertivo en su vida diaria, necesitará entender qué implica esta habilidad. Este capítulo aborda el concepto de asertividad y explica por qué demostrarla es fundamental para llevar una vida productiva. Ser asertivo lo empoderará para defender sus creencias sanamente, y este capítulo le ayudará a entender por qué.

La asertividad es una habilidad social crucial
https://unsplash.com/photos/lp1AKIUV3vo

¿Qué es la asertividad?

Independientemente del tipo de conversación que mantenga con alguien, siempre tiene derecho a expresar sus creencias. Sin embargo, para hacerlo con confianza, debe asegurarse a sí mismo y a los demás de que lo que está diciendo es relevante y no un simple comentario sin sentido. Presentar sus pensamientos de esta manera se denomina asertividad. Es un rasgo positivo porque sabrá que su idea será escuchada en lugar de descartada.

La asertividad es un conjunto de habilidades que ayudan a las personas a expresar sus opiniones y a defender aquello en lo que creen o en lo que creen los demás. Las personas asertivas siempre parecen seguras de sí mismas, audaces y sin disculpas, sin ser groseras ni ofensivas. Suponga que alguna vez se ha cruzado con una persona que presentaba hechos u opiniones a un grupo de personas y tenía a su audiencia absorta. En ese caso, probablemente sea gracias a la asertividad y la confianza. Muchos piensan que esto solo ocurre en entornos profesionales, cuando alguien hace una presentación para conseguir apoyo para un proyecto o superar una entrevista de trabajo mostrando sus habilidades con seguridad. Esto no es cierto porque ser asertivo puede resultar útil en muchos otros ámbitos de su vida.

Por el contrario, si su discurso se ve interrumpido continuamente o se pliega a las ideas de los demás cuando se le hace una pregunta, no está siendo asertivo. Por ejemplo, quizá tenga miedo de decir que no cuando un familiar le pide ayuda, pensando que le ofenderá si lo hace. En este caso, está mostrando un comportamiento no asertivo. Esto significa que la asertividad también es útil para responder a peticiones que no quiere o no puede atender.

Asertividad, pasividad y agresividad

No ser asertivo suele convertirle en un conversador pasivo. A veces, esto puede ser algo bueno. Por ejemplo, si su amigo necesita a alguien que le escuche desahogarse sobre un asunto personal, es posible que usted prefiera permanecer pasivo. Sin embargo, esto no significa que no pueda expresar su opinión después o en cualquier otro momento. Acatar las ideas y los deseos de otras personas sin tener en cuenta sus propios pensamientos es lo contrario de ser asertivo. En estas situaciones, se menoscaban sus necesidades, sus derechos y los derechos de las personas a las que representa. Por ejemplo, si dice sí cuando quiere decir no, está siendo pasivo o no asertivo. Hay una clara diferencia entre pasividad y asertividad. Distinguir esta última de la agresividad es un poco más difícil. Las personas agresivas se niegan a tener en cuenta los derechos de los demás, pero también lo hacen las personas aparentemente asertivas. Sin embargo, existen algunas diferencias significativas entre estos dos comportamientos. Si alguien sigue exponiendo sus opiniones sin tener en cuenta los puntos de vista de los demás, no está siendo asertivo. Están socavando los derechos de los demás, lo que significa que están mostrando un comportamiento agresivo.

Diferentes situaciones exigen diferentes enfoques y dictan cómo debe responder a la gente. En algunos casos, puede resultar más difícil decidir si debe mostrarse asertivo o no. Sin embargo, si tiene que elegir entre ser asertivo, pasivo o agresivo, la primera opción es siempre la apuesta más segura. Siempre es mejor hacer saber a la gente cuál es su postura con firmeza que dejarles adivinando lo que piensa permaneciendo pasivo o dejando una impresión equivocada siendo demasiado agresivo.

Confianza y otros rasgos

Como ya se ha mencionado, las personas asertivas siempre tienen confianza en sí mismas. Esto se debe a que siempre dicen la verdad. Incluso si dice su propia verdad, si cree en ella, podrá presentarla con asertividad. Si no reconoce lo que dice como verdad, no tendrá ninguna posibilidad de convencer a los demás. Un rasgo que tienen en común las personas asertivas es la capacidad de trabajar duro por lo que quieren. No han llegado a tener la confianza y el éxito que tienen de la noche a la mañana. Han practicado y perfeccionado sus habilidades hasta que han podido utilizarlas en su beneficio. No tienen miedo de cometer errores durante la práctica o en situaciones reales porque saben que su duro trabajo acabará dando sus frutos. También son conscientes de que la paciencia es una virtud. Al no precipitarse, cometerán menos errores. Tendrá muchas más posibilidades de que le escuchen si habla despacio y con confianza deliberada porque la gente le entenderá.

Dicho esto, las personas audaces nunca están demasiado seguras de sí mismas. Saben que tendrán que seguir trabajando en su asertividad. Las personas asertivas también tienen debilidades. Solo que a menudo son muy buenas ocultándolas. Nunca las pillará nerviosas, ni siquiera en las situaciones más difíciles. Han aprendido a superar lo que les pone nerviosos o, si no lo han hecho, hacen que parezca que sí. La asertividad también significa que no tiene miedo de lo que digan los demás, incluso si sus opiniones son impopulares o si está en compañía de gente desconocida.

La asertividad consiste en mantener bajo control su estado emocional. ¿Cómo puede parecer asertivo si está ansioso, frustrado o disgustado la mayor parte del tiempo? La respuesta es sencilla. No puede. Y al no hacer nada para salir de ese estado, se quedará estancado mientras todas las personas asertivas a su alrededor progresan. Las personas asertivas son buenas manteniendo separadas sus emociones y los diferentes aspectos de su vida. Por ejemplo, suelen desarrollar la habilidad de evitar mezclar su vida profesional con su vida personal. Esto les hace más productivos en ambas áreas porque siempre pueden centrarse en lo importante. En el trabajo, no piensan en los problemas que tienen con su pareja en casa. Gracias a esta separación, sus mentes permanecen tranquilas y pueden concentrarse en ser competentes en su trabajo.

Otra característica común de las personas asertivas es no perder nunca la fe en sí mismas, incluso en las circunstancias más difíciles. Supongamos que tiene una entrevista para un puesto muy solicitado y que compite con candidatos que, sobre el papel, tienen unas cualificaciones mucho mejores que las suyas. Si se muestra firme, podrá demostrar su experiencia en el campo correspondiente. Se presentará como un candidato mejor que todos los demás y conseguirá el puesto de sus sueños.

Las personas asertivas eligen sus palabras con mucho cuidado. Les gusta ir al grano, pero no soltarán lo que quieran decir sin pensar. Saben que el público necesita un contexto relevante, pero no tanto como para perder el interés. Como ya se ha dicho, no mienten. Si una persona asertiva no sabe algo, no teme decirlo. Si no quieren hacer algo, lo harán saber en voz alta y clara y no inventarán excusas poco convincentes. Esta es otra forma de mantenerse centrado. Cuantas menos líneas de conversación tenga que mantener en un momento dado, más productivo será.

La asertividad va en contra del comportamiento de complacer a la gente. Las personas que saben mantenerse firmes no se preocupan por hacer o decir cosas para mantener una buena relación con alguien. No ofrecen sonrisas falsas o nerviosas para agradar a los demás cuando discuten un tema serio. Esto último puede resultar especialmente desagradable, ya que la gente sabrá al instante que esa persona carece de confianza en sus convicciones. Las personas asertivas, en cambio, saben adoptar la posición y la actitud adecuadas. Esto hace que la gente confíe en ellas incluso antes de que empiecen a hablar.

La asertividad también significa no pedir disculpas. Esto no significa que las personas asertivas pasen el tiempo pensando en hacer daño a los demás. Son perfectamente capaces de mantenerse en la cima de las cosas sin esto. No alimentan emociones como los celos o la ira, que podrían alimentar una necesidad de no respetar los derechos de los demás. Esto se debe a que se dan cuenta de que si dan respeto, recibirán el mismo tipo de trato.

Y del mismo modo, valoran su propio espacio, tiempo y rasgos, por lo que también valoran que otras personas necesiten ese espacio. Otra regla fundamental de la asertividad es que para ser escuchado, primero debe aprender a escuchar. De este modo, podrá aprender lo que hace falta para convertirse en un miembro aceptado y valorado de la comunidad.

¿Por qué es importante la asertividad?

Ser asertivo tiene una amplia gama de beneficios. Para empezar, demuestra que usted es una persona segura de sí misma que no tiene miedo de expresar sus pensamientos y sentimientos, independientemente de cómo puedan ser recibidos. La asertividad también está vinculada a altos niveles de autoestima. Si se mantiene firme, la gente captará que usted controla sus pensamientos, creencias, emociones y acciones y que no dejará que nadie más los controle. Ser asertivo también demuestra que su bienestar es importante para usted. Está siendo firme y decidido al no permitir que otras personas invadan su espacio personal y se aprovechen constantemente de su tiempo. Está señalando que estas cosas son fundamentales para usted y que se preocupa de utilizarlas en su propio beneficio. Ser asertivo es autocuidado. Cultiva el amor propio y la autoconciencia, cualidades esenciales para el crecimiento personal.

La asertividad transmite confianza y exige atención
https://unsplash.com/photos/K0c8ko3e6AA

También son estupendas para mantener a raya su salud mental. Piénselo así: ¿expresar sus opiniones y deseos no le hace sentirse mejor consigo mismo? ¿Y guardárselo todo para mantener la paz en sus relaciones no le hace sentirse ansioso, deprimido y devaluado? Puede ahorrarse muchos dolores de cabeza volviéndose más asertivo. Con menos ansiedad, su mente estará libre para trabajar en cosas más importantes. Ya se trate de un nuevo proyecto en el trabajo, de su relación con su pareja o de hacer simples tareas domésticas, todo será más fácil cuando no le atormenten las dudas.

¿Qué pasaría si, en lugar de ayudar a mi amigo a mudarse, me tomara por fin el tiempo necesario para limpiar mi propia casa?

¿Y si en lugar de recoger constantemente la carga de trabajo de un compañero y hacer horas extras, decidiera dedicarme ese tiempo a mí mismo?

Si sigue haciéndose preguntas como ésta, es una clara señal de que debe ser más asertivo.

La asertividad puede convertirle en un mejor conversador. Cuando se muestra asertivo, comunica claramente su punto de vista y da a conocer sus deseos. Al mismo tiempo, no está exigiendo nada a los demás. Expone su opinión asegurándose de que todo el mundo la escuche, pero no espera que la gente la acepte como un hecho. Les deja la opción de decidir por sí mismos. Las personas asertivas no se enfadan cuando no se satisfacen sus necesidades. Por mucho que se esfuercen en intentar convencer a los demás de que merecen lo que piden, no arremeten. Siguen adelante e intentan encontrar una forma mejor de expresar sus necesidades y opiniones y ser aún más asertivos la próxima vez. Esta capacidad les permite defenderse a sí mismos o a los demás de forma no amenazadora.

Tendrá muchas más posibilidades de conseguir lo que quiere si es asertivo. Supongamos que le pide a su jefe un día libre. Si no es lo bastante asertivo, no creerá que sus razones son válidas y probablemente le dirá que no. En cambio, si se pone firme y explica claramente por qué necesita el tiempo libre, tendrá muchas más posibilidades de conseguirlo.

Cuando aprenda a hablar de forma más asertiva, podrá escapar de las trampas de mostrar pasividad y un comportamiento no asertivo. Entre las emociones negativas que puede evitar manteniéndose firme figuran la inseguridad, el miedo, la duda sobre sí mismo y otros sentimientos provocados por pensamientos autodestructivos. Algunas personas que no se muestran asertivas en su vida cotidiana son también excepcionalmente sensibles a las críticas. Por otro lado, los que son más asertivos aceptarán cualquier crítica y la convertirán en una oportunidad de aprendizaje o sabrán refutarla de inmediato. En cualquier caso, la asertividad solo puede ayudarle a ser mejor persona. Le permitirá fijarse objetivos más inteligentes y alcanzarlos. Sin embargo, a pesar de ser una habilidad fundamental para alcanzar objetivos, incluidos el crecimiento personal y la prosperidad, ser decidido y convincente no resulta fácil para muchos. En el próximo capítulo, aprenderá más sobre por qué a la gente le cuesta demostrar asertividad, así que asegúrese de seguir leyendo.

Capítulo 2: Por qué la asertividad puede resultar difícil

La asertividad no es algo que resulte natural a todo el mundo. De hecho, a muchas personas les resulta tan difícil que evitan cualquier situación en la que pueda ser necesaria. En 2022, el 55 % de los adultos declararon que su falta de asertividad había obstaculizado sus posibilidades de ascenso en el trabajo, según <u>Estadísticas y hechos sobre la asertividad</u>. Es comprensible que pueda parecer poco natural ser tan franco con lo que uno siente y con lo que quiere de los demás. Hay muchas razones por las que ser asertivo puede resultar difícil para algunas personas, y quizá a usted nunca se lo hayan enseñado o permitido practicarlo antes. Tal vez tenga miedo de parecer demasiado insistente, o puede que las personas que más le importan tengan la costumbre de sobrepasar sus límites y hacerle sentir incómodo a la hora de expresarse. Pero ¿por qué ocurre esto? Este capítulo examinará por qué la asertividad es tan difícil y qué aspecto tiene la falta de asertividad.

Ser asertivo puede resultar difícil para algunas personas
https://unsplash.com/photos/-Xv7k95vOFA

Por qué la asertividad puede resultar difícil

Como todos sabemos, ser asertivo es una habilidad clave que todo el mundo debería tener en su arsenal personal y profesional. Sin embargo, ser asertivo no siempre es fácil. De hecho, muchas personas luchan con esta habilidad porque les cuesta entender por qué no están siendo tan asertivas como les gustaría. Varios factores pueden interponerse en el camino del comportamiento asertivo. Entre ellos se incluyen:

- Falta de autoestima o confianza
- Miedo al rechazo o a la humillación
- Falta de habilidades de comunicación eficaces
- Falta de experiencia con el comportamiento asertivo
- Miedo a la confrontación y al conflicto
- Incapacidad para hacer frente a situaciones con carga emocional
- Falta de confianza en la toma de decisiones
- Preocupación por herir los sentimientos de la otra persona
- Miedo a parecer demasiado insistente o controlador

Además, ciertas situaciones hacen que a alguien le resulte más difícil ser asertivo. Por ejemplo, algunas personas se sienten más cómodas siendo asertivas en determinadas situaciones, mientras que a otras les resulta más fácil ser más calladas. También puede haber otras personas alrededor que influyan en el nivel general de asertividad de la persona. Una forma de superar estos problemas es ser más consciente de los factores que obstaculizan su asertividad y trabajar en ellos según sea necesario.

No sabe lo que significa ser asertivo

Poner una etiqueta a su incapacidad para defenderse es todo un reto. Cuando se menciona la "asertividad", la mayoría de la gente se imagina a alguien que se defiende en voz alta. Pero no siempre es así. Ser asertivo no significa gritar su punto de vista por toda la habitación o salir furioso de una reunión. Significa más bien hablar con confianza manteniendo la compostura y el respeto. Si no está seguro de lo que significa la asertividad, lo más probable es que adopte una comunicación pasiva, que es uno de los estilos de comunicación poco asertivos más comunes. La comunicación pasiva se caracteriza por la falta de franqueza, la concentración en los sentimientos y el deseo de evitar los conflictos. Ser pasivo no es necesariamente lo mismo que ser poco asertivo, pero las personas pasivas suelen tener dificultades para expresar sus sentimientos directamente, que es un aspecto clave para ser asertivo.

Su respuesta de huida o lucha está activada

Huida o lucha es un término utilizado para describir una respuesta de estrés. En este estado, se activa el sistema nervioso autónomo del cuerpo. Este sistema se encarga de regular y controlar las actividades del organismo y, cuando se produce una situación estresante, estos controles se activan para ayudar al cuerpo a prepararse para una situación difícil. Las reacciones más probables incluyen:

- Aumento del ritmo cardíaco
- Tensión muscular
- Aumento de la frecuencia respiratoria
- Sudoración
- Ritmo de parpadeo

Todos estos son síntomas típicos del estrés. La respuesta de huida o lucha se produce cuando usted se siente amenazado por una situación que se le avecina y reacciona huyendo (huida) o luchando (lucha). Muchas personas con ansiedad son más propensas a utilizar la huida como medio para evitar conflictos o gestionar su miedo. Cuando se requiere asertividad y aparecen los síntomas del estrés, no puede regular su tensión y evitar situaciones incómodas si tiene miedo de hacerse valer. Esta es una solución poco saludable para el estrés; la evitación, la actitud defensiva y el silencio no mejorarán nada.

Sus emociones sacan lo mejor de usted

En este contexto, la emoción nubla nuestro juicio y nos hace actuar de un modo que no haríamos necesariamente de otro modo. Puede que se sienta enfadado, asustado o avergonzado cuando quiera hablar en su defensa o, si lo hace, acabe diciendo algo de lo que se arrepentirá. Cuando las emociones son fuertes, puede sentir que es demasiado arriesgado adoptar una postura porque la asertividad podría malinterpretarse cuando se siente presionado o enfadado. Este es otro concepto erróneo sobre el comportamiento asertivo. La gente cree que ser asertivo es un signo de agresividad porque puede verse como un desafío a la autoridad de otra persona. Sin embargo, éste no es necesariamente el caso. Cuando se es asertivo, no se está desafiando a la autoridad. Solo está hablando claro. Si alguien es controlador o abusivo, entonces la asertividad puede utilizarse definitivamente para defenderse.

Se siente inferior o le preocupa ser odioso

Las personas poco asertivas suelen tener miedo de decir algo incorrecto o de ser críticas con los demás. Esto se debe a que temen las consecuencias. Esto también es cierto para los que ocupan puestos de responsabilidad. Les preocupa que se critique su rendimiento, sentirse inadecuados y ser rechazados por las personas con las que trabajan.

Las personas poco asertivas temen caer mal, por lo que anteponen las necesidades de los demás a las suyas propias. Son más sensibles a las críticas y se preocupan más por disgustar a la gente. Ser poco asertivo puede llevarle a sentirse resentido, avergonzado y ansioso. Puede sentirse decepcionado consigo mismo por no haber defendido lo que se merece.

Tiene miedo al rechazo y a los resultados negativos

El rechazo es una experiencia aterradora e incómoda para la mayoría de las personas. Puede hacernos sentir vulnerables, expuestos y temerosos. Cuando estamos demasiado cerca del miedo al rechazo, podemos vernos impedidos para hacernos valer y tomar el control de una situación. Este miedo suele basarse en nuestras experiencias pasadas de ser rechazados. Supongamos que hemos sido rechazados o intimidados en el pasado. En ese caso, ese miedo puede convertirse en una reacción subconsciente a la que nos aferramos y que tiñe nuestras futuras interacciones con los demás, a menos que hagamos algo activamente para curarnos. Este miedo puede llevarnos a evitar desafiar a las figuras de autoridad y hablar por nosotros mismos si ello significa rechazo o crítica.

Tal vez tenga miedo de las consecuencias si le dice a su jefe que debe tomarse tiempo libre para un acontecimiento familiar importante.

- Tal vez tema ser rechazado si invita a alguien a salir
- Puede notar que se siente ansioso antes de entrar en situaciones en las que puede ser rechazado por los demás
- Tal vez tema hablar en el trabajo porque le preocupa cometer un error o parecer tonto delante de sus compañeros

Está pensando demasiado

Si es poco asertivo, podría estar pensando demasiado cada situación y tardar más en tomar decisiones. Se preocupa tanto por los detalles de una situación que no puede ver el panorama general. Esto le paraliza y entonces siente aún más miedo de no poder o no haber tomado la decisión correcta. Pensar demasiado puede llevarle a ser más pasivo porque está centrado en los posibles resultados negativos de tomar una decisión. Cuando tiene miedo a equivocarse, permite que otras personas tomen decisiones por usted.

Es inseguro

Cuando se siente inseguro, es probable que tema el rechazo o el juicio de los demás. También le preocupa que la gente piense mal de usted si se muestra firme. Esto puede dificultar que hable claro cuando no está de acuerdo con alguien o cuando su jefe le pide que haga algo nuevo. Otro problema de sentirse inseguro es que dificulta la toma de decisiones. Cuando se siente inseguro sobre lo que debe hacer, puede resultar tentador seguir a la multitud y evitar correr riesgos. Pero esto no es una buena idea porque la opinión de todo el mundo no es igual, y algunas personas pueden tener muy buenas ideas mientras que otras no. Por último, la inseguridad puede conducir a una falta de confianza en los demás. Si no confía en los demás, será mucho más difícil que confíen en usted y en sus opiniones.

Tiene poca autoestima

Una baja autoestima puede dificultar su asertividad porque es menos probable que hable en su defensa y más probable que se tome las críticas como algo personal. Esto puede llevarle a un comportamiento pasivo, en el que no defiende sus propias necesidades ni habla cuando alguien con autoridad le está maltratando. Algunas personas con baja autoestima pueden tener dificultades para saber cuándo deben hablar o retirarse de una interacción. También puede resultarles difícil comprender que sus sentimientos son válidos y que merecen respeto. A las personas con baja autoestima les cuesta verse a sí mismas como capaces y merecedoras de respeto. Esto puede hacer que sea difícil saber cómo responder cuando alguien le menosprecia, le insulta o le trata injustamente. Estos sentimientos dificultan la asertividad porque es menos probable que confíe en su posición o esté dispuesto a defenderse.

Tiene miedo al cambio

Aunque todo el mundo tiene cierto miedo al cambio, algunas personas son mucho más sensibles a él que otras. Este miedo les hace reacios a iniciar cambios en sus vidas y aún más resistentes a los cambios adicionales cuando intentan hacerlos. Cuando tememos lo que pueda ocurrir si vamos en contra del statu quo, es muy fácil evitar asumir riesgos y jugársela por miedo a ser vistos como una amenaza para el orden existente.

Ha tenido experiencias negativas en el pasado

El mundo es un lugar complejo lleno de oportunidades, retos y otras personas. Cuando somos jóvenes, aprendemos constantemente sobre nuestro entorno. A medida que crecemos, adquirimos nuevas experiencias que nos ayudan a desarrollar habilidades y a calibrar nuestro nivel de competencia. Estas experiencias pueden ser positivas o negativas, pero todas moldean nuestra autoconfianza.

En la edad adulta, ciertas situaciones pueden desencadenar experiencias pasadas de comportamiento asertivo.

Para medir la asertividad, un estudio publicado en *Psicología de la mujer trimestral* (2019) evaluó a 101 hombres y 113 mujeres de entre 20 y 60 años y descubrió que los que habían estudiado en centros de enseñanza superior eran más asertivos que los que no. Por ejemplo, un empleado al que le fue bien en la universidad se sentirá más seguro haciendo peticiones en el trabajo que alguien que tuvo problemas con la comprensión lectora básica. También puede sentirse más cómodo pidiendo un aumento de sueldo o un ascenso que alguien que obtuvo malas notas en el instituto o la universidad. Cuando estas experiencias pasadas son negativas y afectan a su autoconfianza, puede resultar difícil ser asertivo y tomar las riendas de su vida.

Teme parecer egoísta

Un malentendido común sobre la asertividad es que significa ser egoísta y egocéntrico. Muchas personas equiparan la asertividad con ser grosero, agresivo o tener un ego del tamaño de Texas. Por desgracia, esta idea errónea puede hacer que las personas con ansiedad social sientan que no tienen otra opción que reprimir sus sentimientos y esconderse del mundo. Pero la verdad es que la asertividad no consiste en ser grosero o agresivo, sino en ser honesto y abierto con uno mismo y con los demás. Y aunque ser honesto y abierto puede resultar a veces un poco incómodo, también sienta bien poder ser uno mismo en un mundo en el que todo el mundo parece estar viviendo la vida de otra persona. Así que, si quiere empezar a practicar comportamientos más asertivos, no deje que estos conceptos erróneos le impidan empezar.

Cree que sus necesidades no importan

A veces no nos damos cuenta de cuánto poder tenemos realmente sobre nuestras vidas. Tendemos a pensar que son otras personas - o el mundo en general - quienes toman las decisiones, y por eso pensamos que no podemos cambiar nada. Esta idea errónea tan común puede dar lugar a frustración y enfado cuando finalmente decidimos hacernos valer, solo para ver que las cosas no cambian. La verdad es que nadie más que usted tiene el control de su vida, y depende de usted actuar y hacer que las cosas sucedan por sí mismo. Así que, si quiere que algo cambie, comience a responsabilizarse de sus actos. Una vez que acepte esto, probablemente se sentirá capacitado y listo para pasar a la acción.

Qué aspecto tiene el miedo a la aserción en una situación

Ahora que ya sabe por qué la asertividad puede resultar difícil, le presentamos un par de situaciones para que se haga una mejor idea de cómo es.

En una relación

El miedo a la aserción es probablemente el miedo más común en las relaciones. Es un miedo a hacer saber a su pareja lo que quiere de la relación, y normalmente tiene su origen en la duda sobre uno mismo y la inseguridad. Sin embargo, puede manifestarse de muchas formas diferentes.

Por ejemplo, su pareja sigue dejando toallas mojadas por la casa después de ducharse. Como últimamente lo está pasando mal en el trabajo, se enfada con usted y no quiere aumentar su estrés. Como usted no dice nada, pasa mucho tiempo recogiéndolas, pero también tiene sus propias cosas que hacer. Puede parecer trivial, pero con el tiempo esta situación puede causar resentimiento.

He aquí algunas otras situaciones:

- Le preocupa que sus necesidades sean demasiado grandes o exigentes, por lo que rehúye pedir lo que desea. Este temor también podría provenir del miedo al rechazo si le pide a su pareja algo que le parece demasiado grande o demasiado fuera de su alcance.
- Cree que pedir más provocará conflictos y resentimiento, lo que podría acabar dañando la relación de otras maneras.

Por eso algunas personas entierran la cabeza en la arena y esperan que las cosas se solucionen por arte de magia sin pasar nunca a la acción. Sin embargo, ésta es en realidad una forma muy poco saludable de enfocarlo.

En el lugar de trabajo

Cuando carece de asertividad en el lugar de trabajo, es probable que evite situaciones y preguntas difíciles, lo que puede acarrearle problemas a largo plazo.

Por ejemplo, supongamos que le han encargado un gran proyecto. Usted ya está estresado por una carga de trabajo abrumadora. Algunos miembros de su equipo han llamado para decir que están enfermos, de lo que su jefe está al corriente. Sabe que si asume este proyecto, tendrá que hacer horas extraordinarias y trabajar el fin de semana para completarlo. Además, tiene que ocuparse de su apretada agenda personal. En lugar de recordarle a su jefe que hay muy pocos empleados para completar la tarea, usted no dice nada. Y se esforzará demasiado en el proceso.

Otras formas en que la falta de asertividad puede manifestarse en el lugar de trabajo incluyen:

- Reticencia a hablar en las reuniones o a dar su opinión porque no se siente cómodo asumiendo funciones de liderazgo

- Pedir siempre ayuda o favores porque no confía en sus capacidades

Qué aspecto físico tiene el miedo a la aserción

Puede utilizar el siguiente cuadro para examinar su comportamiento y, después, utilizar la lista de comprobación tipo test que aparece a continuación para determinar lo asertivo que es (o no es).

	Asertivo	Sumiso	Agresivo
Lenguaje corporal	Mantener el contacto visual Buena postura Cara a cara	Falta de contacto visual Brazos enrollados alrededor del cuerpo Hombros bajos	Gestos con las manos agitadas Contacto visual intenso Acercarse demasiado
Tono de voz	Directo y respetuoso	Entonación al final de las frases	Enfadado, grosero
Volumen de voz	Sólido y completo	Callado	Gritos / alto

Lista de comprobación

Utilice esta lista de comprobación para evaluar si le resulta difícil ser asertivo. Plantearse y responder a estas preguntas le dará una idea clara de lo que necesita hacer y de si va por buen camino. Si responde afirmativamente a alguna de estas preguntas, tiene dificultades para hacerse valer.

1. No me gusta aceptar cumplidos de los demás porque significa que soy arrogante.

2. La gente fácil no hace alboroto por las cosas, así que debo aceptarlas como vienen.

3. No es necesario que la gente comparta sus sentimientos con los demás.

4. Como no estoy seguro de lo que quiero, esperaré a ver qué prefieren los demás y luego me decidiré.

5. Le caeré mal a la gente si les digo lo que realmente pienso.

6. Pareceré grosero o egoísta si digo lo que realmente quiero.

7. No necesito decir a los demás lo que realmente pienso o siento porque mis allegados ya deberían saberlo.

8. La gente no está de acuerdo conmigo o me dice que no porque realmente no les gusto o no me quieren.

9. Si me defiendo, la otra persona se enfadará y nuestra relación se resentirá.

10. Si hablo claro, tengo miedo de montar una escena o de llamar la atención.

11. No se me permite cambiar de opinión.

12. Los demás se molestarán si cambio de opinión.

13. La gente pensará que soy incompetente si admito que me siento estresado o agobiado.

14. No quiero agobiar a los demás con mis verdaderos sentimientos.

15. En cualquier caso, si intento hablar por mí mismo, pareceré un idiota, así que ¿para qué?

Ser poco asertivo significa que es probable que anteponga las necesidades de los demás a las suyas. Puede afectar a sus relaciones en el trabajo y en casa, y puede hacerle sentir una persona menos segura de sí misma y con menos poder. Si quiere ser más asertivo, primero tiene que entender lo que significa. Después, tiene que recordar que la otra persona también es humana y que tiene derecho a hablar por sí misma.

Saber por qué no es asertivo le ayudará a entender de dónde vienen sus problemas. En la medida en que pueda identificar el origen de sus dificultades, podrá tomar medidas para rectificar la situación y ser más asertivo. En esencia, conocer las razones de su falta de asertividad puede ayudarle a comprender lo que ocurre bajo la superficie y a resolver cualquier problema subyacente.

Habiendo aprendido por qué ser asertivo puede ser un reto, continúe leyendo para saber cómo puede dejar de agradar a la gente para expresar lo que realmente quiere.

Capítulo 3: Cómo acabar con la mentalidad de complacer a la gente

Complacer a la gente es un rasgo de la personalidad que describe a alguien con una fuerte necesidad de complacer a los demás. Las personas complacientes sacrifican sus propias necesidades, se incomodan a sí mismas y van más allá por los demás. Agradar a los demás es el principal objetivo de una persona complaciente. Sus propias necesidades, su felicidad y su comodidad no están entre sus prioridades. Aunque es normal preocuparse por los sentimientos de los demás y estar ahí para los necesitados, los agradadores de personas lo llevan demasiado lejos. No saben decir que no y harán cosas con las que se sienten incómodos solo para obtener la validación de otras personas. Este comportamiento puede parecer fuera de control, ya que las personas complacientes no pueden contenerse. Llegarán al extremo de cambiar su personalidad y sus opiniones y ocultarán sus verdaderos sentimientos si con ello consiguen que los demás los quieran. Las personas complacientes pueden sentirse felices y bien consigo mismas cuando reciben la gratitud de los demás. Sin embargo, este sentimiento es temporal y, con el tiempo, sentirán el impacto de este comportamiento dañino. Puede hacerle perder la voz y sentir que no tiene tiempo para sí mismo, ya que dedica todo su tiempo y energía a los demás. En casos graves, también pierde su propia identidad.

Complacer a la gente es un rasgo de la personalidad que puede ser necesario controlar
https://unsplash.com/photos/23KdVfc395A

Aunque agradar a la gente puede venir de un buen lugar, hay una razón más profunda detrás de este deseo de sacrificar su felicidad por los demás. Este capítulo le ayudará a determinar si usted es una persona complaciente y le explicará el comportamiento asociado a la complacencia con las personas, así como la forma en que puede acabar con este comportamiento y ponerle fin para siempre. Prepárese para un apasionante viaje por la mentalidad de una persona complaciente.

¿Por qué soy una persona complaciente?

Probablemente se haya hecho esta pregunta alguna vez: "¿Por qué me importa tanto complacer a la gente?". El miedo puede impulsar este comportamiento, ya sea el miedo al rechazo o el miedo al abandono. Por ejemplo, en las relaciones, algunas personas anteponen las necesidades de su pareja a las suyas propias y cambian sus opiniones y valores para estar de acuerdo con su pareja. Hacen esto porque creen que su pareja les abandonará si no están constantemente de acuerdo y satisfacen las necesidades de su pareja. Estas relaciones acaban siendo unilaterales, con una persona haciendo todo lo que da, lo que puede hacer que la persona complaciente se sienta desgraciada. El miedo a la decepción también puede hacer que una persona esté ansiosa por complacer. Por ejemplo, usted tiene un problema de espalda y su médico le dice que permanezca en cama durante una semana. Un amigo le llama para pedirle que le lleve al aeropuerto y, por miedo a decepcionarle, usted accede y arriesga su propia salud. Sin embargo, si su amigo se preocupa realmente por usted, comprenderá que se encuentra mal.

Según la psicóloga Dra. Elena Touroni, el comportamiento de complacer a la gente puede comenzar en la infancia. Los niños con padres complacientes crecen copiando el comportamiento de sus padres. Los padres dominantes pueden influir en sus hijos para que también se conviertan en complacientes. La coach empresarial Iveta Zaklasnikova añade que complacer a la gente está en nuestra naturaleza. Desde la antigüedad, la gente se sentía segura estando en grupo, ya que era necesario para su supervivencia. La necesidad de caer bien forma parte de la naturaleza de las personas, ya que les hace sentirse parte de un grupo.

Otras razones detrás del comportamiento de agradar a la gente son:

- Preocuparse por lo que los demás piensen de uno
- Falta de amor propio
- El deseo de encajar
- Decir que no le hace sentirse culpable
- Es empático con las necesidades de los demás hasta el punto de que acaba ocupándose de todos mientras se olvida de sí mismo

¿Soy una persona complaciente?

Ciertos comportamientos se asocian a la complacencia con la gente y pueden ayudarle a dar una respuesta sobre si es o no complaciente con la gente y qué comportamientos muestra.

Ser agradable

Dar espacio a la gente para que comparta su opinión es de buena educación, pero estar de acuerdo con todo lo que dicen, aunque usted no esté convencido, es complacer a la gente. Su deseo de caer bien y de agradar a todo el mundo puede llevarle a hacer o decir cosas que le incomoden. Por ejemplo, tiene una entrevista de trabajo a la mañana siguiente, pero sus amigos quieren salir de copas. En lugar de decirles que no puede ir, acepta ir con ellos y se arriesga a ir a la entrevista con resaca.

Ser tímido ante los conflictos

Según la terapeuta Laura Steventon, complacer a la gente es un mecanismo de protección al que recurrimos algunos de nosotros para evitar los conflictos. Para evitar las confrontaciones, no expresa sus sentimientos, no contradice a los demás ni está en desacuerdo con ellos. Aunque es natural querer evitar los conflictos, no puede hacerlo a su costa. Los conflictos son normales y pueden dar lugar a una conversación sana en lugar de seguir la corriente a todo lo que dice la gente.

Tener dificultades para decir que no

¿Se encuentra diciendo "sí" a todo lo que la gente le dice? Las personas complacientes no pueden decir que no porque no quieren decepcionar a los demás o tienen miedo al rechazo. O bien dicen que sí y acaban haciendo algo con lo que se sienten incómodos, o bien inventan más tarde una excusa para evitar ese compromiso. Por ejemplo, sus amigos le invitan a una cena, pero a usted no le apetece ir. Acepta ir cuando le invitan, pero más tarde les llama y les dice que su hijo está enfermo y no puede ir.

Esta cualidad es el mayor signo revelador de que usted es una persona complaciente. La incapacidad para decir que no a nadie, incluso a desconocidos, indica su incontrolable afán por agradar.

Sentirse estresado o abrumado

Poner a los demás en primer lugar puede provocar sentimientos de estrés y agobio. Estar ahí para todos los demás drena su energía y le mantiene agotado. Dedica todo su tiempo y energía a los demás sin dedicar ni un momento a cuidar de la única persona que más le importa: usted. Ignorar sus necesidades en beneficio de los demás puede dañar su salud mental. No tener tiempo "para sí" u organizar su agenda basándose únicamente en los deseos y necesidades de los demás es estresante.

Ser pasivo agresivo

Complacer a la gente y la agresividad pasiva están relacionados. Ambos comportamientos son el resultado del miedo al rechazo y del afán por agradar. Las personas complacientes se guardan sus sentimientos para sí mismas, ya sea para evitar la confrontación o porque temen decepcionar a los demás. El comportamiento pasivo agresivo puede derivar de ocultar sus verdaderos sentimientos, y se manifiesta en forma de sarcasmo, cinismo o resentimiento.

Ser propenso al resentimiento

Las personas complacientes reprimen su ira cuando los demás se aprovechan de ellas o violan sus límites. Aunque estén deseosos de complacer, inconscientemente, sienten resentimiento. Por ejemplo, su compañera de cuarto de la universidad le pide que la ayude con una investigación. Usted tiene un examen mañana, pero decide echarle una mano a ella en su lugar. Suspende su examen mientras que ella se las arregla para obtener créditos adicionales. No puede evitar sentir resentimiento porque ella avanza mientras usted suspende. También se siente enfadado consigo mismo por desatender sus propias necesidades. Considere este resentimiento como una llamada de atención que le indica que es hora de cambiar su comportamiento.

Ser rápido para asumir la culpa

En lugar de defenderse, las personas complacientes son las primeras en asumir la culpa, incluso por cosas que no son culpa suya. Disculparse constantemente en lugar de hablar es una opción mejor para las personas complacientes que temen la confrontación. Asumir la culpa es más fácil que dar explicaciones o defenderse y arriesgarse a que la gente no le quiera. Siente que todo es responsabilidad suya, incluso las emociones de los demás, lo que le lleva a disculparse por cómo se sienten, aunque no tenga nada que ver con usted.

Tener problemas para ser fiel a sus propias creencias

Estar constantemente de acuerdo con los demás puede llevarle a renunciar a sus propias creencias. Por ejemplo, está sentado con unos amigos del trabajo y se burlan de uno de sus compañeros que está destrozado porque le acaban de despedir. Aunque le parece duro que se burlen de alguien que está pasando por un mal momento, usted les sigue el juego para complacer a sus amigos y encajar con ellos.

Cómo dejar de complacer a la gente

Ser una persona complaciente no está asociado con la bondad o la compasión. Puede seguir siendo una buena persona que ayuda a los demás sin sacrificar sus propias necesidades o principios. Comprenda que su familia y sus amigos no le dejarán de lado si no está de acuerdo con ellos o les dice que no. Sin embargo, si alguien en su vida le hace sentirse culpable cuando no les pone en primer lugar, esas personas son tóxicas y debería establecer límites con ellas. Complacer a la gente no es un trastorno. Es un rasgo de la personalidad. Como cualquier rasgo de la personalidad, la persistencia y el trabajo duro pueden ayudarle a ser más asertivo y a librarse de este mal hábito. Esta parte del capítulo le proporcionará consejos eficaces que le ayudarán a dejar de complacer a la gente.

Cómo acabar con el rasgo de complacer a la gente

Deshacerse de cualquier rasgo negativo requiere que primero reconozca que tiene un problema. Una vez que se lo admita a sí mismo, deberá creer en su capacidad para cambiar. Los rasgos de personalidad no están grabados en piedra. Usted puede cambiarlos. Según un estudio realizado en la Universidad de Houston, Texas, los sentimientos, pensamientos y rasgos de personalidad de las personas pueden cambiar con el tiempo, y este cambio suele ser para mejor. El psicólogo Dr. Benjamin Hardy también llevó a cabo su propia investigación sobre el cambio de personalidad. Descubrió que los rasgos de la personalidad son fluidos. Se adquieren debido a las experiencias y decisiones que uno toma a lo largo del camino. La investigación de Hardy también concluyó que una persona puede cambiar sus rasgos de personalidad y creencias negativas con voluntad y esfuerzo. Acabar con este rasgo está a una decisión de distancia.

Complacer a la gente es una elección

Nadie le obliga a complacer a la gente. Usted elige actuar así. Es probable que haya sido una persona complaciente durante mucho tiempo y que se haya convertido en algo natural. Sin embargo, usted tiene el poder de dejar de hacerlo. El cambio solo se producirá cuando sepa que puede elegir en lugar de negar el problema. Sea atento y consciente del comportamiento de complacer a la gente. Concéntrese en sus pensamientos y reacciones para comprenderse mejor a sí mismo y a este rasgo en lugar de dar una respuesta automática. Cuando sea consciente de sí mismo, se dará cuenta de cuándo está complaciendo a los demás y actuará de forma diferente.

Defina sus prioridades

Establezca sus prioridades. Haga una lista de las personas importantes de su vida, a las que quiere ayudar. A continuación, establezca objetivos claros para usted y decida dónde quiere estar en la vida. Identificar sus prioridades le permitirá ser selectivo con las personas y las cosas a las que está dispuesto a dedicar su tiempo y su energía. Sea consciente de los que drenan su energía o le manipulan, y tome las medidas necesarias. Diga no y establezca límites para las cosas y las personas que no se alinean con sus objetivos y prioridades. No permita que los demás le quiten el tiempo y la energía que puede utilizar para centrarse en usted mismo, ayudarle a alcanzar sus objetivos y pasar tiempo con las personas que le importan.

No asuma la culpa

Deje de disculparse por cosas que no son culpa suya. Es comprensible que quiera ser educado y considerado con los sentimientos de los demás. Sin embargo, las disculpas innecesarias tienen su origen en su deseo de agradar y caer bien. Antes de disculparse, pregúntese: "¿Es culpa mía?". "¿He cometido un error?". Por ejemplo, el coche de su amigo se averió y usted le recomendó a su mecánico. Sin embargo, el mecánico se llevó una gran cantidad de dinero y no pudo arreglar el coche. Usted quiere decir que lo siente porque se trata de su mecánico, pero no es culpa suya. Usted simplemente hizo una sugerencia. Usted no tiene la culpa de que ellos hayan tenido una mala experiencia. Compadézcase de ellos, pero disculparse es innecesario.

Establezca límites claros

Establecer límites protegerá su salud mental, su tiempo y su energía. No es egoísta ni cruel tener una línea que la gente no debe cruzar. Los límites le ayudarán a distinguir entre quienes se preocupan por usted y le respetan y quienes se aprovechan de usted. El establecimiento de límites saludables se tratará en detalle en el próximo capítulo.

Aprenda a decir no

Las personas complacientes tienen dificultades con la palabra no. Cuando se enfrentan a una situación incómoda, utilizan palabras como "intentaré hacerlo" o "veré lo que puedo hacer". Decir "no" hace que la gente se sienta incómoda, especialmente las personas complacientes. Recuerde que cada vez que dice "sí" a su costa, se está diciendo "no" a sí mismo y acaba desatendiendo sus propias necesidades. La transición del sí al no puede resultar difícil al principio. Las personas complacientes tienen la necesidad de caer bien, y siempre han asociado el no con ser grosero o insensible. En lugar de decir que no de inmediato, encuentre una forma educada de rechazar las peticiones, como decir: "Gracias por invitarme, pero estoy muy ocupado el próximo fin de semana", o "Me halaga que haya acudido a mí primero, pero tengo que pasar". Otros métodos eficaces del libro le ayudarán a decir que no sin sentirse culpable.

Él no es una frase completa

No le debe explicaciones a nadie. Si se siente incómodo con algo, diga simplemente que no. No dé excusas ni explique sus razones. Él no es una frase completa. No tiene que seguirla con nada más. Poner excusas invitará a la gente a proponer soluciones o a presionarle para que cambie sus decisiones. Por ejemplo, un amigo le manda un mensaje: "Quedemos esta noche". Usted ha tenido un largo día de trabajo, el coche está en el mecánico y quiere relajarse en casa. Si le da a su amigo estas excusas, se ofrecerá a venir a recogerle y le convencerá para que salga en lugar de quedarse en casa sin hacer nada. Enviarles un mensaje de texto diciendo: "Esta noche no puedo, tal vez el próximo fin de semana", es una forma educada de decir que no y establecer límites. Hay otras situaciones en las que simplemente puede decir que no, como cuando un amigo le ofrece una copa mientras intenta mantenerse sobrio. Aquí puede decir "no", fin de la frase.

Dese más tiempo

Dese algo de tiempo antes de decidir si va a decir sí o no. Cuando un amigo le llame para invitarle a algo o le pida un favor, no responda de inmediato. Tómese su tiempo para reunir más información y pensar bien las cosas antes de comprometerse a algo. Comprometerse a algo que no quiere hacer le dejará estresado y resentido. Gane tiempo diciéndose: "Déjeme comprobar si tengo otros planes y volveré a llamarle" "Puede que trabaje este fin de semana; le llamaré si puedo". Durante este tiempo, considere si es algo que le va a gustar o le va a estresar o si dispone de tiempo.

Establecer un límite de tiempo

Ayudar a otras personas no significa incomodarse a sí mismo. Establezca un límite de tiempo para evitar que la gente pase por encima de usted, y deje claro que su tiempo y sus necesidades también importan. Por ejemplo, si tiene una reunión en diez minutos y su hermano le llama, hágale saber que tendrá que colgar en unos minutos. O si ha salido con amigos, deje claro que tiene que llegar pronto a casa porque tiene una entrevista de trabajo al día siguiente. Establecer un límite de tiempo le dará más control sobre su vida y le empoderará.

Reconozca a los manipuladores

Los demás son conscientes de su comportamiento de complacer a la gente y se aprovecharán de ello. Reconozca la diferencia entre las personas auténticas que desean su ayuda y los manipuladores que le están utilizando. Algunas personas utilizan la adulación para conseguir que usted haga algo por ellos. Pueden hacer que parezca un cumplido "genuino", pero solo es para encubrir sus verdaderas intenciones. Por ejemplo, se acerca el cumpleaños de su cuñada, pero su hermano no quiere dedicar una hora de su día a comprar regalos. Le llama y le dice: "Siempre ha tenido mejor gusto que yo, y sabe que estoy muy ocupado. Sé que a ella le encantará cualquier cosa que elijas para ella porque siempre piensas mucho en tu regalo, a diferencia del idiota de tu hermano". O un compañero de trabajo le engaña para que haga su trabajo por él diciéndole que usted es mucho más listo que él o que es un experto en ese tema. Cuando alguien quiere ayuda de verdad, será directo, pero se lo pedirá amablemente sin necesidad de halagos excesivos.

Repita los mantras

Los mantras son poderosos y pueden ayudar a alterar sus pensamientos. Cree mantras útiles, escríbalos en notas adhesivas y cuélguelos en el espejo de su cuarto de baño para poder verlos a primera hora de la mañana, o ponga uno como fondo de pantalla de su teléfono. Los mantras pueden servirle como recordatorio diario de que tiene poder sobre sus decisiones y reacciones.

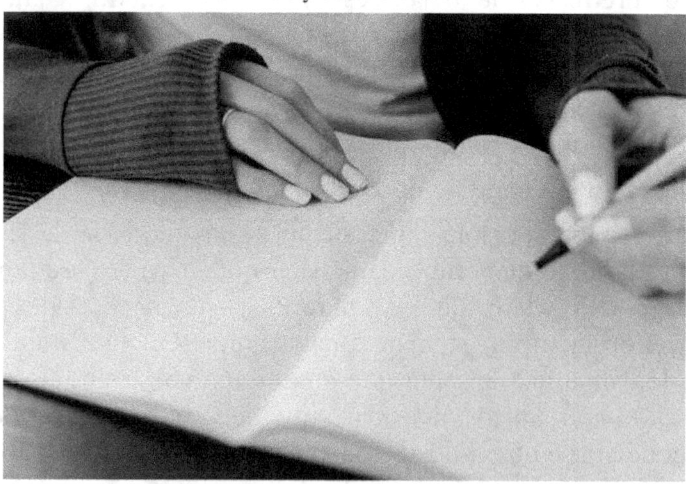

Anotar sus mantras puede ser útil para organizar sus pensamientos
https://unsplash.com/photos/xcvXS6wDCAY

He aquí algunas sugerencias de mantras:

- Tengo el control de mi energía y mi tiempo
- Tengo derecho a decir *no*
- Puedo decir *no* sin dar explicaciones
- *No* es una frase completa
- No me responsabilizo de los sentimientos de los demás
- Decir *no* me libera

Adopte una autoconversación positiva

Complacer a la gente suele ser el resultado de pensamientos negativos y de inseguridad. Sustituya estos pensamientos por otros positivos repitiendo poderosos mantras o pensando en cosas positivas que le ayuden a cambiar sus patrones de pensamiento. Recuérdese a sí mismo que sus amigos y familiares le quieren por lo que es, no por lo que hace por ellos. Dígase a sí mismo que usted importa a las personas de su vida y que le quieren incluso cuando no siempre hace cosas por ellos o no está de acuerdo con ellos. Su autoestima no está ligada a lo que la gente piense de usted. Usted determina su valía.

Encuentre la raíz de su comportamiento de complacer a la gente

Profundice para entender la razón que hay detrás de este comportamiento. ¿Es miedo al abandono? ¿Es miedo al rechazo? ¿Tiene la necesidad de caer bien? Comprenda que sus sentimientos son válidos y que tiene derecho a tenerlos. Analice estos sentimientos y llegue a su raíz. Esto puede ser duro, pero reconocer estos sentimientos puede privarles de su poder. La terapia puede ayudarle en este sentido.

Acuda a un terapeuta

La terapia es eficaz para ayudar a las personas a cambiar los rasgos negativos de su personalidad. Un buen terapeuta también le ayudará a descubrir la razón principal del comportamiento de complacer a la gente para trabajar en su sanación. También pueden enseñarle métodos eficaces para decir no y establecer límites.

Usted puede cambiar. Complacer a la gente está dañando su salud mental y afectando a su bienestar. Le estresa, le agobia y sigue ocupando su tiempo y su energía. Una persona complaciente pierde su identidad por el camino, ya que sus pensamientos, opiniones y acciones se convierten en un reflejo de los demás.

Establecer límites es una de las formas más eficaces de protegerse y proteger su propio espacio personal. Una vez que experimente la sensación fortalecedora de los límites, nunca volverá atrás. ¿Está deseando adentrarse en el mundo de los límites saludables y descubrir cómo hacer que los demás respeten sus necesidades? Pase al siguiente capítulo y comience a establecer límites.

Capítulo 4: Establecer límites saludables para usted mismo

Por desgracia, nuestros límites son menos visibles para la gente que los muros o los enormes carteles de "Prohibido el paso". Son más parecidos a burbujas invisibles.

Los límites representan las restricciones a las que todos debemos atenernos. Establecer y mantener límites personales puede ser difícil, pero es necesario para su felicidad, salud y seguridad. Tener límites claros ayuda a las personas a sentir que controlan su entorno, su cuerpo y sus emociones.

Establecer límites le ayuda a ganar control
https://unsplash.com/photos/DRzYMtae-vA

Aprender a tomar las riendas de su vida fijando sus propios límites y respetando los de los demás no se puede enseñar con un libro de texto, pero se puede practicar. Puede utilizar las directrices de este capítulo para establecer límites con sus seres queridos o para proteger su espacio personal cuando conozca a gente nueva.

Límites saludables: ¿Qué son?

Puede tomar las riendas de su vida cuando establece límites. Son los límites que se pone a sí mismo para proteger sus sentimientos, su cuerpo, su tiempo, sus pensamientos y su bienestar mental y para mantener su fuerza, estabilidad y felicidad. Estas barreras protectoras impiden que los demás abusen de usted, la agoten o la manipulen.

Algunos posibles límites que puede considerar

Cada persona tiene sus límites. Sus límites no serán idénticos a los de cualquier otra persona porque deben representar sus necesidades y objetivos únicos. Sin embargo, esta lista de comprobación puede ayudarle a decidir dónde trazar la línea de las restricciones personales.

Puede establecer límites en lo siguiente:

- Energía psicológica
- Tiempo
- Finanzas y artículos de lujo
- Espacio privado
- Sexualidad
- Principios y moral
- Redes sociales

Se pueden establecer límites con lo siguiente:

- Familia
- Vecinos
- Relaciones románticas
- Compañeros de trabajo
- Extraños

¿Por qué necesita límites personales?

Los límites facilitan que se ponga barreras a sí mismo y que establezca rutinas de vida positivas. Evitan que adopte comportamientos poco saludables como comer hamburguesas en todas las comidas o quedarse despierto hasta la una de la madrugada cuando tiene que estar en el trabajo a las siete.

Para crearlos, debe establecer paralelismos entre lo que considera aceptable y lo que considera inaceptable. Éste es su límite.

Como un acto de amor propio y autorrespeto, nos protegemos estableciendo límites, y éstos preservan nuestra seguridad y bienestar. Garantizan el buen funcionamiento de nuestras rutinas diarias.

Los retos de establecer límites personales

A pesar de que todos conocemos las ventajas de la disciplina y la organización, todos luchamos por mantenerlas. ¿Ha considerado los factores que hacen que le resulte tan difícil poner límites a sus acciones? A continuación, se exponen algunas de las razones por las que controlar su comportamiento le parece tan difícil:

- Ninguno de sus padres tenía una base sólida de limitaciones y límites personales
- Usted carecía de límites y fronteras estables y aceptables porque sus padres nunca los establecieron
- Las limitaciones y los límites pueden hacerle sentir asfixiado y restringido
- La adicción y otras enfermedades mentales pueden dificultar el ejercicio del autocontrol y causar problemas cognitivos

Si tuvo suerte, sus padres le inculcaron la importancia de las prácticas higiénicas regulares, como lavarse los dientes e irse a la cama a la hora. Poco a poco ha ido interiorizando estas normas y ahora las utiliza para guiar su comportamiento.

Ahora se siente más seguro gracias a todo lo que ha aprendido sobre las limitaciones. Ahora comprende la importancia del autocuidado y cómo poner en práctica estas ideas en su vida diaria.

Muchos de nosotros, sin embargo, fuimos criados por padres que carecían de restricciones. Puede que le resulte difícil establecer límites saludables para usted mismo si nunca le han enseñado la importancia de hacerlo o si nadie le ha explicado por qué son esenciales para su bienestar.

La creación de límites personales es un método para volver a criarse a sí mismo. Los límites le proporcionan la seguridad y la estructura de las que carecía de niño.

Cómo establecer límites saludables

¿Alguna vez le han hecho sentir incómodo o agobiado otras personas? Es posible que alguien simplemente haya cruzado sus límites sin que usted se diera cuenta.

He aquí algunos consejos sobre cómo establecer sus límites con seguridad:

Sea seguro de sí mismo

Establecer los límites con confianza hace que uno se sienta a la vez fuerte y compasivo con los demás. Comunicarse asertivamente significa ser claro y firme sin rebajar ni amenazar a la otra persona.

La afirmación "yo" le permite ser asertivo. Demuestra seguridad en sí mismo y una excelente capacidad para establecer límites al expresar pensamientos, sentimientos y opiniones sin tener en cuenta lo que puedan pensar los demás.

Por ejemplo, podría decir: "Cuando lees mi diario, siento que se ha violado mi intimidad". En lugar de "¡No toques mi diario!" o decir: "Cuando se planifica cada segundo de nuestro viaje, empiezo a sentirme estresado. En lugar de "Estás haciendo que este viaje sea agotador".

Estas dos afirmaciones son excelentes ejemplos de cómo utilizar la afirmación "yo".

Entender cuándo decir no

"No" es una frase completa, aunque a veces nos cueste decirla. Puede que dudemos en responder negativamente sin aportar información adicional, pero esto es innecesario.

Establecer límites no siempre requiere confianza. A veces, todo lo que se necesita es la voluntad de tolerar cierta incomodidad por su parte. Un simple "no" no requiere justificación ni ninguna resonancia personal por parte de la persona a la que rechaza.

Tiene todo el derecho a rechazar educadamente las peticiones de su número de móvil o de un baile. Si un compañero de trabajo le pide que cubra su turno y usted se niega, no está obligado a explicar por qué.

Salvaguarde su espacio

También puede imponer restricciones a sus posesiones, espacio físico y mental, tiempo y otros recursos sin anunciarlo.

Esto puede hacerse de varias maneras, una de ellas cambiando su estrategia. Recuerde que es necesario desvincularse periódicamente. La simple expectativa de estar localizable por correo electrónico fuera del horario laboral normal basta para mermar su bienestar y sus relaciones personales de tensión. Cree límites para el equilibrio entre la vida laboral y personal siempre que sea posible.

Cuando se trata de tecnología, cada vez más parejas se preocupan por invadir la intimidad del otro. Debido a los avances tecnológicos, se ha producido una rápida pérdida de espacio y control personal.

Como individuo, usted es responsable de proteger sus propios dispositivos y su actividad en línea y de evitar que cualquiera de sus comunicaciones privadas se haga pública. Es esencial que todos nos acostumbremos a hablar de las limitaciones tecnológicas con nuestros nuevos amigos y parejas románticas.

Busque apoyo o ayuda

Establecer y mantener unos límites saludables puede resultar más difícil si usted o alguien a quien quiere lucha contra problemas de salud mental, depresión, estrés o un pasado traumático.

Por ejemplo, una víctima de una agresión sexual puede esperar que le pregunten primero antes de tocarla. Un hijo adulto de un narcisista o de alguien con un trastorno límite de la personalidad puede necesitar aprender a decir "no" a su emocionalmente frágil progenitor de una manera firme.

Nunca tema buscar la ayuda de un psicoterapeuta si tiene dificultades para crear o hacer cumplir barreras o si otra persona le causa estrés al violarlas.

Protecciones inteligentes de los límites

- Guarde los objetos personales en un armario seguro
- En lugar de un diario físico, lleve uno digital que requiera una contraseña
- Prepárese con antelación para estar completamente solo o para actuar con independencia de los demás

- Utilice una contraseña, un PIN u otro método para proteger sus equipos electrónicos y cuentas en línea
- Establezca un plazo para responder a los mensajes o correos electrónicos
- Deje un mensaje de "fuera de la oficina" en su correo electrónico mientras esté fuera
- Envíe su solicitud de vacaciones con antelación para su aprobación
- Si no desea que se pongan en contacto con usted, desactive temporalmente sus aplicaciones de correo electrónico y chat
- Ponga su teléfono y otros dispositivos electrónicos en modo silencioso
- Intente ignorar cualquier comunicación relacionada con el trabajo que le envíen a sus cuentas personales

Cómo lograr un equilibrio entre trabajo y vida privada

Cuando no existe una distinción clara entre el trabajo y la vida personal, aumentan la ansiedad y el estrés, lo que es más importante que nunca, dado el aumento masivo del teletrabajo y de las oficinas en casa. La adicción al trabajo se ha hecho prevalente y se manifiesta de diversas formas, que deben ser reconocidas.

Por ejemplo, Adam es un agente de policía con una fuerte ética laboral y un historial de éxitos. Por desgracia, con frecuencia pasa demasiado tiempo en su oficina, donde revisa obsesivamente su ordenador y sus archivos a expensas de pasar tiempo con su familia. Está ansioso y preocupado por los casos desde que se despierta hasta que se duerme.

Adam bromea sobre ser un "adicto al trabajo", pero en realidad ve su trabajo como una extensión de sí mismo. Su bienestar cognitivo, psicológico y físico se está deteriorando debido a su incapacidad para separar el trabajo de su vida personal.

Cómo dejar de ser un adicto al trabajo y empezar a vivir su vida

- Mantenga un horario de trabajo constante (puede ser de 9 a 4 con una hora de descanso)
- Establezca una rutina de autocuidado
- Mantenga su teléfono fuera de la vista mientras pasa tiempo con sus seres queridos
- Informe a sus compañeros y empleados cuando no esté disponible
- Cree una zona exclusiva para el trabajo en su casa
- Delegar responsabilidades o añadir más personal puede ayudar a aliviar el estrés
- Encuentre algo que hacer fuera del trabajo que le interese
- Mantenga dos armarios distintos para facilitar la transición mental entre el ámbito profesional y el informal
- La falta de límites de tiempo y esfuerzo conduce al grave problema de la adicción al trabajo

Cómo establecer límites en una relación romántica

Cuando se trata de establecer límites, las relaciones románticas pueden ser las más difíciles. Contrariamente a lo que las películas le quieren hacer creer, no siempre es saludable entregar todo su ser a otra persona, por muy romántico que pueda parecer. Dicho esto, no tiene por qué renunciar a ser usted y a necesitar su espacio.

Unos límites sanos son necesarios para unas relaciones sanas. Incluyen el reconocimiento de las responsabilidades de cada parte, la frecuencia de los encuentros y otras interacciones, y los requisitos mínimos para que cada persona se sienta segura y respetada. Tener límites en sus relaciones evita que se vuelvan demasiado dependientes el uno del otro.

Imagine que su interés romántico empezara a interferir con sus obligaciones profesionales o el tiempo que pasa con sus seres queridos. Si este fuera el caso, debería dar un paso atrás y considerar dónde quiere trazar la línea.

La ausencia de límites en las relaciones se manifiesta con mayor frecuencia de tres maneras:

¿Cuánto tiempo pasan juntos?

Suponga que usted y su pareja pasan juntos todos los momentos. Si este es el caso, puede que necesite establecer más límites de tiempo.

Es fundamental encontrar un equilibrio entre pasar tiempo con su pareja y dedicar tiempo a otras personas importantes en su vida.

Ponga lo mejor de usted en la relación expresando su deseo de disponer de más tiempo a solas con ternura y tacto. Podría ser una declaración diciendo: "Los jueves no hago nada más que relajarme".

Establecer límites sexuales y físicos

El establecimiento de límites físicos también debe establecerse y respetarse en todas las etapas de una relación, especialmente durante la fase de luna de miel. Antes de besarse, abrazarse o tomarse de la mano, pregunte a su pareja si le parece bien.

También es necesario discutir hasta qué punto cada uno está dispuesto a mostrar afecto en público, abrazarse o traspasar de otro modo una barrera física.

En una relación sexual, es fundamental que ambos miembros de la pareja se sientan seguros y protegidos para poder expresarse libremente sin dejar de respetar el espacio y las necesidades del otro. El acuerdo, la intimidad, la comunicación de las preferencias y los deseos y la satisfacción de las necesidades emocionales del otro son formas de construir una relación sana con otra persona.

Considere el siguiente escenario. Un hombre se encuentra con una mujer que ha sufrido previamente una agresión sexual o un trauma. En tal caso, él puede respetar los límites personales de ella comprobando rutinariamente cómo se siente acerca de diversos tipos de contacto sexual o físico. Supongamos que ella divulga cómo un acontecimiento concreto desencadenó su estado emocional. Para mantener su confianza en esta circunstancia, él debe respetar sus límites.

Los límites suelen incluir abstenerse de demostraciones públicas de afecto (DPA) y pedir permiso antes de iniciar un contacto físico, como un abrazo.

Mantener los límites emocionales

Los límites emocionales (límites sobre cómo una persona de una relación expresa sus emociones a la otra) se encuentran entre los más difíciles de establecer y mantener.

¿Cómo se comunican entre ustedes? ¿Presta mucha atención a su cónyuge y a sus necesidades, o solo tiene en cuenta las suyas propias? ¿Dónde traza la línea cuando se trata de temas de conversación? ¿Qué tipo de tono utiliza cuando habla? Cuando surgen conflictos, ¿cuál es la mejor manera de enmendarlos y seguir adelante?

Ejemplos de límites emocionales

"No creo que debamos tener esa conversación durante la cena de esta noche".

Decir o pensar en un tema delicado me hace sentir incómodo. ¿Podríamos guardarnos esa información para nosotros?

"Necesito tiempo a solas para aclarar las cosas".

"Ese tipo de insultos me resultan intolerables".

"Me gustaría poder ser la persona con la que se desahogue en estos momentos difíciles, pero sencillamente no tengo la energía emocional para hacerlo. Podrías hablar con un psicólogo, con tu madre o con otra persona".

Crear límites desde el principio mantiene sanas las relaciones
https://unsplash.com/photos/O7sK3d3TPWQ

Cómo establecer límites con sus padres

Los límites con los padres son harina de otro costal. Como adolescente, puede resultar molesto presenciar cómo su tutor confía en usted para consolarse o adopta un comportamiento abusivo en su presencia. Ahora que es adulto, puede tomar sus propias decisiones sobre cómo comunicarse con sus padres y establecer límites.

En cualquier caso, es fundamental establecer límites. Los niños de todas las edades se benefician de saber que pueden establecer límites con sus padres respecto a las intromisiones en su espacio personal, como cuando se están vistiendo o escribiendo en sus diarios.

Del mismo modo, es fundamental que los niños comprendan también los límites de sus padres. Cuando los padres quieren establecer normas con sus hijos, pueden indicarles que hagan cosas como *llamar a la puerta* o *pedir permiso* antes de utilizar determinados objetos de la casa.

Los jóvenes pueden necesitar establecer límites con los consejos e ideas no solicitados de sus padres. Las expectativas de los padres sobre la vida de sus hijos, por muy bienintencionadas que sean, pueden impedir el desarrollo de un sentido sano de la independencia y la autonomía.

Un adulto puede establecer este límite diciéndoles a sus padres que no quieren consejos ni críticas sobre sus elecciones a menos que lo soliciten expresamente. Buscarán ayuda cuando crean que la necesitan.

Cómo establecer límites con sus amigos

La amistad es importante para su bienestar y placer, pero puede resultar difícil mantener una conexión sin límites. Los amigos que necesitan constantemente su ayuda pueden devolverle el favor solo a veces. Para establecer más límites con sus amigos, primero debe estar dispuesto a decir "no".

Si tiene un fuerte deseo de complacer a los demás, ésta podría ser una situación muy difícil para usted. Es posible que le cueste decir "no" cuando alguien le pide ayuda o expresa su preocupación, aunque sepa que no tiene los recursos para ayudarle.

Puede que también tenga que hacer algún esfuerzo personal. Establecer límites puede resultar difícil si tiene un fuerte deseo de aprobación o una baja tolerancia al rechazo. Sin embargo, los verdaderos amigos reconocen el valor de su tiempo y le consideran como un individuo.

Un simple "no" no tiene por qué interpretarse como un rechazo masivo o una traición. Practicar esta habilidad puede ayudarle a establecer límites más sanos en sus amistades.

Cómo definir los límites con los amigos

- Dedíquese tiempo a sí mismo cada semana
- Establezca un límite de tiempo para responder a los mensajes y llamadas telefónicas de sus amigos
- Haga saber a los demás cómo se siente cuando se siente estresado, ignorado o no escuchado
- En lugar de decir "no", pruebe con "ya te llamaré", y tómese un tiempo para pensar su respuesta
- Haga saber que está trabajando duro para lograr sus propias aspiraciones y ambiciones
- Ofrézcase solo para ayudar a sus amigos en cosas que sepa que puede hacer. De lo contrario, sugiérales otras formas de obtener ayuda con el problema
- Dígales que se preocupa por ellos, pero que por el momento necesita darse prioridad a sí mismo

Cómo reconocer y respetar los límites de los demás

Sería ideal disponer de un sistema que le ayudara a evaluar los límites, pero a falta de uno, puede emplear diversas estrategias para mantenerse alerta y evitar traspasarlos. Todo se reduce a la comunicación y a respetar los límites de los demás.

Como punto de partida, aténgase a estas tres directrices:

Busque señales

Preste atención a las señales sociales para conocer las limitaciones de los demás. Si una persona con la que está hablando retrocede a medida que usted se acerca, significa que está invadiendo su espacio personal.

Entre las posibles señales de que alguien necesita más espacio se incluyen:

- Evitar el contacto visual directo
- Apartarse
- Limitar la conversación
- Excesivas reverencias o "umms" y una repentina subida de tono
- Movimientos tensos como sonreír, hablar deprisa o con una postura rígida o los brazos cruzados
- Hacer muecas
- Se estremece

Esté abierto al comportamiento neurodiverso

Cada persona reacciona de forma diferente ante las mismas señales. Algunas personas utilizan siempre los mismos gestos y otras pueden no proporcionar ninguna señal en absoluto, utilizar otras totalmente diferentes o simplemente no percibir los matices de sus propios gestos.

Las personas con autismo, en el espectro del autismo/Asperger u otros problemas de desarrollo suelen denominarse "neurodiversas", un término más reciente para este grupo. Pueden establecer menos contacto visual de lo habitual y tener dificultades para iniciar una conversación.

Haga preguntas

No olvide nunca el poder de una simple petición. Puede preguntar a una persona si es apropiado abrazarla o si puede hacerle una pregunta privada.

Establecer límites no tiene tanto que ver con la construcción de barreras como con el fortalecimiento de sus vínculos con los demás. Sin embargo, usted también se beneficia de los límites de otra manera.

Pueden advertirle de comportamientos potencialmente peligrosos. No siempre seguimos nuestros instintos, ya sea porque hemos sido condicionados a creer que son irracionales o porque no tenemos una mentalidad lógica. Sin embargo, los sentimientos recurrentes de malestar o peligro pueden indicar abuso. Tómese en serio sus instintos si alguien sigue poniendo a prueba o traspasando sus límites.

Del mismo modo, si no quiere ser usted quien rompa las reglas, pida a sus amigos íntimos que sean sinceros con usted sobre si creen o no que lo está haciendo. Esto puede parecer intimidante, pero sin duda será recibido con gratitud y le establecerá como un individuo digno de confianza con el que establecer límites.

Los límites, aunque importantes por diversas razones, son vistos de forma diferente por cada persona. Mantenerlos no tiene por qué hacerle parecer hostil o agresivo. Establezca límites sin sentirse mal por ello.

Además de una dieta sana y una actividad física regular, son un componente esencial del autocuidado diario que nos esforzamos por conseguir. Aquí no hay excepción.

Averiguar qué límites son más importantes para usted y cómo ponerlos en práctica beneficiará a su salud mental.

Capítulo 5: Decir no sin sentirse culpable

¿Por qué le resulta difícil decir que no a los demás? Quizá esté constantemente intentando complacer a todo el mundo o tenga miedo de herir los sentimientos de la gente. Si dice que sí todo el tiempo, descubrirá que cada vez se siente más frustrado y decepcionado consigo mismo. También podría acabar castigándose innecesariamente. Todos tenemos obligaciones con nuestra familia, compañeros de trabajo y amigos. Estas relaciones son importantes y satisfactorias, y para mantenerlas sanas, debe hacer sacrificios y poner su parte de esfuerzo. Sin embargo, esto no significa que deba intentar siempre apaciguar a los demás.

Aprender a decir no sin sentirse culpable es importante

Esté alerta ante cualquier signo de que está haciendo excesivos compromisos o inversiones de tiempo. Puede sentirse irritado, resentido y agotado porque hoy en día hay mucha presión para anteponer las necesidades de los demás a las suyas.

La verdad es que decir constantemente que sí a las peticiones de la gente puede dañar su relación con ellos. Para amar y cuidar eficazmente a los demás, primero debe amarse y cuidarse a sí mismo. Al proteger su felicidad y bienestar, llegará a saber cuándo está bien decir que no sin poner excusas. Tendrá una mayor influencia positiva en los demás cuando se haga algunas concesiones a sí mismo y encuentre un equilibrio entre lo que necesita y la forma de cuidar a los demás. Sin este equilibrio, su vida será caótica al intentar vivir para todos menos para usted. No se está cerrando en banda ni eludiendo responsabilidades por sentarse en un no. Más bien, es una forma de revitalizarse para darlo todo mientras se concentra en las cosas que más importan en su vida.

Puede autoevaluar rápidamente las peticiones de la gente para determinar la mejor respuesta. Mire en su interior para ver si es necesario decir que sí y si se siente cómodo haciéndolo. ¿Cuáles son las consecuencias de decir que no? Si la idea de decir que sí le hace sentirse incómodo, o si no se siente responsable de decir que sí, considere la posibilidad de decir que no. Decir que no tiene sus ventajas y debe centrarse en ellas, sobre todo cuando esté bajo presión. El no, no implica que usted sea un malvado o una mala persona, y aceptar esta constatación le permitirá mantenerse firme en sus intenciones. Decir no a las cosas en los momentos adecuados le libera para decir sí a las cosas que realmente importan. Si afirma y mantiene sus decisiones, la gente le respetará a usted y a lo que representa.

¿Por qué la gente duda a la hora de decir que no a los demás?

La gente duda a la hora de decir que no a los demás por diversas razones. Puede que quiera evitar herir sus sentimientos, decepcionarles o arruinar su relación con ellos. Sea cual sea su razón para decir siempre que sí, está relacionada con el daño que se hace a sí mismo al culparse de los defectos de los demás y la vinculación subconsciente con la respuesta negativa que ha dado. Es peligroso creer que tiene el control sobre la vida de otra persona. Permitir que las personas cometan sus propios errores y los asuman no implica que a usted le importen menos.

Significa que les está permitiendo crecer a través de la experiencia. Más adelante se exponen más razones para que la gente diga que no.

Decir no puede ser incómodo

Sí, decir no puede ser desafiante, incómodo e inquietante. Los seres humanos desean por naturaleza ser queridos y admirados. En consecuencia, la gente cree que la única forma de conseguirlo es hacer felices a los demás satisfaciendo sus peticiones.

Se sentirá realmente relevante y bien cuando los demás le demuestren que le necesitan y que es importante en sus vidas. Para mantener este sentimiento, preferirá disgustarse estando disponible siempre que requieran su ayuda en lugar de declinar sus peticiones. Decir que no, sobre todo cuando no se encuentra en el estado de ánimo adecuado, es lo mejor para todas las partes implicadas porque, tanto si dice que sí como si dice que no, siempre hay otra persona que puede realizar esa tarea mejor que usted.

El estrés y la ansiedad de decir siempre que sí superan con creces la incomodidad de decir que no. Perderse a sí mismo mientras intenta vivir para los demás afectará a su salud mental. ¿Qué es mejor? ¿Debería decir que no incómodamente o decir que sí y arrepentirse después?

En un intento de evitar conflictos a toda costa

La gente puede ofenderse cuando se deniega su petición, y la situación puede derivar rápidamente hacia el caos. Como complaciente de la gente, usted prefiere decir sí para evitar conflictos que no. Aunque usted crea que está complaciendo a la gente, ésta puede verle como un cobarde que teme pisar los talones de alguien o molestar a alguien. Puede que esté pensando demasiado en las consecuencias de decir que no, ya que puede que no sean tan nefastas como cree.

Evitar los conflictos también podría llevarle a poner excusas a los demás por puro miedo a enfadar a alguien. Toda relación tiene altibajos. A veces es necesario un poco de malentendidos para aclarar las diferencias en las relaciones. El conflicto es beneficioso siempre que se resuelva amistosamente. Huir de él no lo arregla. Al contrario, se acumula y suele desembocar en una explosión. Para tener una relación sana con los demás, ya sean compañeros de trabajo, amigos o familiares, debe estar preparado para afrontar los malentendidos y resolverlos sin causar más daño. Está bien estar en desacuerdo para estar de acuerdo.

La gente quiere preservar sus relaciones

Una de las decisiones más difíciles es decir que no a sus seres queridos. Como padre que quiere y cuida a sus hijos, instintivamente querría acceder a todas sus peticiones para demostrarles su amor. Pero ¿ha considerado las consecuencias a largo plazo de decir constantemente que sí? ¿Y si en el futuro no puede satisfacer sus necesidades? ¿Y si crecen esperando que los demás hagan todo lo que ellos quieren? No pueden conseguir todo lo que quieren, lo que puede llevarlos a la depresión si no les enseña correctamente, pero puede ayudarles a adaptarse a las situaciones de "no" ayudándoles a entender por qué a veces hay que decir que no.

Intentar complacer a sus amigos todo el tiempo siempre les estresará y les hará infelices en su relación. Las relaciones requieren compromiso, pero hay que saber cuándo decir no y atenerse a ello. Una relación conyugal puede hacer que pierda fácilmente su identidad al intentar complacer a su pareja. Usted quiere paz en su hogar, así que está de acuerdo con todo lo que dice su pareja. Aunque a veces esto es necesario, puede llegar a amargarse por perder su identidad y no hacer lo que realmente le hace feliz.

Toda relación debe tener instancias en las que un no rotundo es apropiado. Puede hacer un esfuerzo adicional para explicar por qué ha dicho que no y ofrecer una alternativa mejor. Conclusión: Debe encontrar la manera de decir no a sus padres, hijos, amigos o cónyuge.

Para evitar disgustar a nadie

Todo ser humano nace con el deseo instintivo de que se cumplan todos sus deseos, pero todos sabemos lo poco realista que es eso. Somos más receptivos a las respuestas positivas porque nuestros cerebros han evolucionado para ser muy sensibles a las malas noticias. Acabará por agotarse, aunque intente constantemente complacer a la gente para no herirla. Lo mejor que puede hacer es encontrar formas suaves de decir que no porque su tono de voz contribuye en gran medida a calmar la situación. Este capítulo le enseñará a decir no sin ofender ni molestar a nadie.

Cambio en la percepción que la gente tiene de usted

Existe la posibilidad de que sus compañeros de trabajo, amigos y conocidos varios tengan una impresión negativa de usted. Los amigos íntimos y la familia pueden conocerle bien y podrán hablar con usted para aclarar cualquier malentendido. Otras personas que no le conocen bien pueden malinterpretar fácilmente lo que usted quiere decir o dice, lo que podría ser su motivo para decirles que sí. Usted quiere evitar cualquier posibilidad de malentendido. Por mucho que su intención sea positiva, ¿cuánto tiempo puede seguir ganándose la aprobación de los demás a costa de usted mismo? Decir que no puede cambiar la forma en que la gente le ve al principio, especialmente los desconocidos, pero acabarán reconociendo sus límites.

Establezca límites desde el principio de cualquier relación para mostrar a la gente lo que puede y no puede soportar. Incluso si un conocido cambia su opinión sobre usted porque rechazó su petición, entenderá por qué tuvo que rechazar su oferta y se adaptará para acomodarse a su decisión.

Por favor, no caiga en la trampa de creer que está en su mano cambiar cómo le perciben los demás. No gustará a todo el mundo, así que tenga confianza y piense bien sus palabras antes de decirlas. Si ha actuado de forma inapropiada, debe encontrar la forma de disculparse y explicar sus acciones. No tiene que arrastrarse. Por ejemplo: "Siento no haber podido ayudarle a llevar sus maletas. Tengo una muñeca dislocada que todavía me duele". Sea sencillo y no sea demasiado duro consigo mismo si su disculpa no es aceptada.

A veces la gente quiere que usted sea de una determinada manera independientemente de si usted se siente cómodo con ello o no. Recuerde que ser usted mismo hará que la gente le quiera por lo que es. Sabe que sus intenciones son buenas, así que no se preocupe por cómo le ven los demás, especialmente aquellos a los que apenas conoce.

La gente cree que decir que no les hace parecer incompetentes

La gente puede convencerle fácilmente de que decir que no a una tarea le hace parecer poco cooperativo e incompetente.

No deje que la ideología de sus compañeros de trabajo le persuada de que decir que no es un signo de incompetencia. Es una estratagema psicológica diseñada para que acceda a cualquier cosa, incluso en contra de su voluntad. Decir que no, no significa que sea demasiado perezoso para esforzarse. Usted es competente si rinde bien y cumple sus compromisos.

Los signos de incompetencia incluyen depender de otros para completar las tareas, llegar tarde a las reuniones o citas, sobrepasar los límites del presupuesto o gastar de forma imprudente, o cualquier comportamiento en el que sobrepase los límites de su contrato de trabajo. Por otra parte, decir que no implica que no tiene actualmente la capacidad de manejar o permitirse hacer algo.

Lo bueno de decir no

La palabra "No" puede parecer negativa en un principio, pero es necesaria para llevar una vida feliz. No gustará a todo el mundo y no podrá complacer a todo el mundo todo el tiempo. Sus posibilidades de entablar relaciones sanas serán mejores cuanto antes acepte esta realidad. Lo único que tiene que hacer es encontrar el equilibrio adecuado entre decir no o sí. El no es beneficioso cuando se utiliza adecuadamente, por lo que debe emplearlo con moderación y cuidado, o dañará sus relaciones, se aislará, desarrollará una personalidad negativa y posiblemente perderá grandes oportunidades. Sin embargo, decir que no tiene algunas ventajas atractivas, entre las que se incluyen las siguientes:

- **Demuestra que valora su tiempo.** Cuando se encuentre en una situación negativa o con personas negativas y se dé cuenta de lo valioso que es el tiempo, no dudará en decir no a cosas que no se sienta cómodo haciendo. ¿Por qué perder el tiempo en algo que nunca haría cuando podría estar haciendo algo más importante? Desarrolla su autoconfianza para decir que no, cuando es necesario, lo que beneficia a su bienestar emocional.

- **Decir que no es un signo de valentía.** Es difícil decir que no sin explicar por qué. Puede elegir frases como "no estoy seguro, o me lo pensaré" para sonar más amable, pero la gente siempre esperará que sea concreto y detallista. Quieren que responda a su petición con un sí. No siempre podrá explicar todos sus noes, por mucho que lo intente. Lo mejor sería que considerara el decir no como un acto de valentía y amor propio.

- **El no indica que está seguro de sus decisiones.** En este punto, debe utilizar su capacidad para pensar con rapidez, evaluar la situación y averiguar si tiene que decir sí o no. Puede que se vea obligado a transigir, pero decir constantemente que sí a las necesidades de los demás no es saludable. El resentimiento que se acumula por decir constantemente que sí daña las relaciones. Determine qué es lo mejor para usted antes de responder, y siéntase orgulloso de su decisión.

- **Manténgase firme cuando diga no.** En situaciones difíciles, solo los valientes y los de voluntad fuerte pueden decir que no. Algunas personas harán todo lo posible por conseguir su aprobación. Le persuadirán, atraerán y utilizarán todos los trucos del libro para conseguir que diga que sí. Esto le supondrá un reto importante a la hora de tomar decisiones que promuevan su bienestar. Cuando se encuentre con estas personas, repita su respuesta inicial y mantenga su postura. Si está a punto de renunciar a su decisión, recuerde por qué eligió el no en primer lugar y la alegría que le proporcionará llevarlo a cabo. Se encontrará con este escenario en varios aspectos de su vida, pero no se desanime.

- **Rechazar algo es una forma subliminal de aceptar otra cosa.** Decir no al exceso de trabajo significa afirmar el descanso y el autocuidado. Tendrá más tiempo para actividades productivas si aprende a decir no.

Cuándo debe decir no

Se supone que decir que sí hace que le caiga bien a la gente, que se asocie más con usted y que le ayude a resolver los problemas de los demás, pero ¿y si se pierde a sí mismo en el proceso? La vida consiste en encontrar un término medio entre fuerzas opuestas. Hay algunas situaciones en las que debe decir no sin vacilar. Por ejemplo, si está sobrecargado de trabajo, debe decir que no. Aceptar más trabajo del que puede manejar solo hará que se estrese, y no tendrá tiempo para otras actividades que le resulten agradables. Cuando se dé cuenta de que no podrá llevar a cabo las peticiones de otras personas, diga que no. Si ha aceptado algunas tareas y se da cuenta a mitad de camino de que no podrá llevarlas a cabo, podría causarle vergüenza. Es más honorable decir que no y no decepcionar a nadie con un trabajo a medio terminar. Tener sentimientos encontrados sobre un asunto significa que debe decir que no o cambiar su respuesta para darse tiempo a pensar. Haga caso a sus instintos y diga que sí solo si está completamente convencido. Diga no a cualquiera que se interponga en su camino hacia la consecución de sus objetivos. Decir que sí todo el tiempo le frenará y reducirá su productividad. Cuando tenga que cumplir un plazo, no pasa nada si rechaza otras peticiones hasta que despeje su agenda. Solo acepte otras peticiones si puede cumplirlas sin obstaculizar su progreso.

Cómo decir que no amablemente

Él no es un rechazo, pero puede ser menos dramático si se dice amablemente. Dado que la otra persona espera que usted acepte sin vacilar, sea cortés y rechace, para que sus expectativas no se eleven innecesariamente. Las siguientes son algunas formas educadas de decir que no.

- Se lo agradezco, pero no puedo hacerlo.
- Me encantaría, pero no puedo.
- Gracias por la oportunidad, pero quizá en otra ocasión.
- Suena interesante, pero no puedo comprometerme.
- Pregúnteme dentro de dos semanas.
- Actualmente estoy al máximo.
- Ojalá pudiera.

Las alternativas a decir no son frases u oraciones que significan no, pero no lo dicen directamente. Bastarán unos segundos para que la otra persona se dé cuenta de que usted no está interesado en su oferta. Los ejemplos anteriores son alternativas viables a decir no. También podría ofrecerse a responder a su petición más tarde si no le importa. Ser amable con sus palabras le ayudará a aliviar la decepción de oír la palabra no. Podría explicar lo que puede hacer en lugar de acceder a su petición - por ejemplo, no puedo darle mis zapatos, pero puedo decirle dónde puede conseguir unos similares.

Cómo decir no sin sentirse culpable

Naturalmente, la mayoría de las personas complacientes o que lo tienen como un fuerte instinto se sentirán culpables por decir que no, pero de vez en cuando debe decir que no para dar prioridad a sus propias necesidades. Puede hacer algunas cosas para encontrar la paz interior después de decir no.

- **Piense por qué dice que no.** Reconozca que no puede estar en todas partes ni hacerlo todo. Además, decir siempre que sí no garantiza que vaya a completar la tarea o cumplir la petición si está estresado. La gente seguirá odiándole por muy bueno que sea, y decir que no puede redundar en beneficio de todos.

- **El hecho de que haya dicho que no, no lo convierte en desconsiderado o egoísta.** Le ayudaría tranquilizarse con esto, o se dejará engañar fácilmente haciéndole creer que decir no es malo. Puede consolarse recordando las otras veces que dijo que sí por el bien de los demás. Aunque esto no apoya a las personas egoístas que nunca se comprometen para complacer a los demás, sino a las que tienen razones legítimas para decir que no.

• **Recuerde que es imposible complacer a todo el mundo.** Solo puede estar ahí dentro de sus posibilidades, lo que está perfectamente bien. Esté ahí tanto para sus seres queridos como para los extraños, pero sepa cuándo debe dar prioridad a su salud sobre todo lo demás.

• **Intente averiguar por qué le resultó difícil decir que no.** ¿Era la situación tan grave que solo usted podía ayudar? ¿Puede posponer la petición para más adelante? ¿Tenía miedo de perder una relación o los beneficios que recibe de los demás? Cuando comprenda por qué le resulta difícil decir que no, podrá aplicar soluciones más racionales a la situación. Cualquier relación que se tambalee porque una persona diga ocasionalmente que no, no es sana, para empezar, y usted estará mejor sin ella.

• **¿Cómo le persuaden siempre para que diga que sí?** ¿Le intimidan hasta que cede, o se quejan hasta que usted se harta de oír sus quejas y decide ayudar? ¿Le hacen sentir culpable haciéndole creer que una mala situación es culpa suya y que debe asumir la responsabilidad de arreglarla? También es posible que le hagan demasiados cumplidos para hacerle sentir bien antes de pedirle un favor. Conocer sus trucos le pondrá un paso por delante a la hora de decidir qué es lo mejor para usted.

• **Hable con educación y calma.** No querrá sentirse mal porque su tono de voz cause más daño que el impacto del no que se está diciendo.

• **Deje que su lenguaje corporal se corresponda con sus palabras.** Su interlocutor buscará cualquier indicio de que usted pueda cambiar de opinión, así que utilice un lenguaje corporal fuerte para enfatizar lo que está diciendo.

• **No tiene que disculparse por decir que no,** pero si lo hace, sea breve.

- **Explicar su decisión también puede hacer que se sienta mejor al respecto.** Explique por qué ha dicho que no para aliviar la tensión que le produce decir que no.
- **Puede ofrecer a la persona una alternativa.** Limítese a las opciones que pueda ofrecer.

Cuándo utilizar el *tal vez* como respuesta correcta

Sí o no puede ser su respuesta cuando comprende las implicaciones de su respuesta y está preparado para afrontarlas. En una situación en la que no esté seguro de si decir sí o no, puede utilizar "tal vez" para informar a la persona de que aún no ha decidido. Responda después de pensarlo bien, porque si no lo hace puede hacer que la gente pierda la confianza en usted.

Decir que no siempre será más difícil si le han educado para decir siempre que sí. Aprender a declinar una petición o invitación sin sentirse culpable es esencial. Para vivir una vida feliz, debe aprender a encontrar un equilibrio entre decir no y decir sí. La práctica regular de decir que no en el momento adecuado le ayudará a realizar actividades que le aporten una profunda felicidad. No deje de recordarse los peligros de complacer a la gente. Para decir que no sin sentirse culpable, considere la petición antes de responder. Más arriba se han esbozado una serie de pasos para evitar el sentimiento de culpa. Respire hondo y crea que es una buena persona independientemente de su respuesta.

Capítulo 6: Cómo hacer que no te importe una **** (sin ser ofensivo)

El mundo es un lugar aterrador en estos momentos. Ya se trate de preocupaciones personales, locales o globales, no hay escasez de cosas de las que preocuparse. Vaya donde vaya, a algunas personas no les gusta lo que ven y no se detendrán ante nada para recordarle en voz alta lo mucho que no les gusta. Por eso, la gente tiene tanto miedo a ser juzgada que hará todo lo posible por evitar pasar vergüenza o que se burlen de ella. Como resultado, algunas personas desarrollan un miedo a ser asertivas. Una vez establecido que los límites son necesarios y que está bien decir no sin sentirse culpable, puede ser difícil encontrar el equilibrio adecuado entre estos dos factores. La clave está en encontrar el equilibrio entre preocuparse por los demás y no preocuparse por las cosas que uno no tiene poder para cambiar.

Encontrar un equilibrio entre el cuidado de los demás y el filtrado de lo negativo es una forma de autocuidado

https://unsplash.com/photos/dvXGnwnYweM

Pero ¿cómo encontrar la forma adecuada de hacerlo? Tanto si se encuentra con gente por primera vez como si sale con amigos y conocidos, habrá muchas ocasiones en las que necesite ser usted mismo, y eso puede no sentar bien a algunas personas. Siga leyendo para obtener algunos consejos sobre cómo dejar de importarle (sin ser ofensivo) y por qué es beneficioso para su salud.

Por qué debería dejar de preocuparse

Si se preocupa más por lo que piensan los demás que por lo que piensa usted, se está abocando al fracaso. El mundo está lleno de personas críticas que se apresuran a señalar sus defectos y a juzgarle en función de lo que piensan de usted. Hay muchas razones por las que nos preocupamos demasiado por lo que los demás piensan de nosotros, pero la principal es que es fácil hacerlo. Tememos ser rechazados por los demás porque sabemos que si nos rechazan, eso herirá nuestros sentimientos. Pero, a fin de cuentas, ¿acaso importa? La respuesta es no, y he aquí por qué.

Puede ser extremadamente perjudicial para su salud mental

Cuando se preocupa demasiado por lo que los demás piensan de usted, es propenso a desarrollar pensamientos y sentimientos negativos sobre sí mismo. Puede volverse hipersensible a lo que la gente dice y hace a su alrededor. Será más probable que evite las situaciones sociales porque teme que le juzguen, y esto puede provocar sentimientos de soledad y baja autoestima. Preocuparse demasiado también repercute en su salud mental a través de la ansiedad, la depresión e incluso las autolesiones.

Puede causar estrés

Preocuparse por lo que piensan los demás puede causarle estrés al agotar su tiempo y su energía. El estrés está incluso reconocido como un riesgo laboral por la Administración de Seguridad y Salud Ocupacional (OSHA). Si dedica todo su tiempo libre a preocuparse por lo que los demás piensan de usted, no le quedará nada para dedicar a las cosas que son importantes para usted. Puede que incluso haga cosas que le hagan daño solo para mantener contentos a los demás.

El estrés hace que el cuerpo libere adrenalina, lo que hace que el corazón lata más rápido y aumente la presión arterial. Esto se denomina respuesta de "lucha o huida". Cuando el cuerpo está estresado, libera hormonas como el cortisol que le ayudan a hacer frente a una amenaza.

El estrés puede afectar seriamente al bienestar, tanto físico como mental. Según el Instituto Americano del Estrés, más del 70 % de los estadounidenses se ven afectados física y mentalmente. Puede provocar síntomas a corto plazo como dolores de cabeza y fatiga, pero también puede tener consecuencias a largo plazo como enfermedades cardiacas e incluso depresión. Cuando el estrés se vuelve crónico, puede causar graves problemas de salud y dificultarle aún más la recuperación de una lesión o enfermedad.

Tiene cosas más importantes en las que centrarse en la vida

Tiene que preguntarse: "¿Por qué me importa tanto lo que los demás piensen de mí?". Tal vez se preocupe por lo que piensen los demás porque quiere sentirse aceptado e incluido en un grupo. Pero ¿y si el grupo en el que intenta encajar está formado por personas superficiales? ¿Y si el grupo en el que intenta encajar está formado por personas críticas que le menosprecian y le hacen sentir que no pertenece a él? Nadie quiere estar en un grupo así, y es algo que no debería importarle tanto. Cuando se preocupa demasiado por lo que los demás piensan de usted, está malgastando un tiempo y una energía valiosos que podría dedicar a cosas más importantes de la vida.

Es imposible complacer a todo el mundo

Puede que se esfuerce mucho por complacer a todo el mundo, pero inevitablemente hará enfadar a alguien. La gente le juzgará haga lo que haga. Siempre habrá gente a la que no le caiga bien o a la que le importe demasiado lo que piense. Siempre habrá gente que le juzgue sin motivo alguno. Por ejemplo:

- Usted puede estar en una relación tóxica con una persona celosa que siempre quiere más atención.

- Puede estar en un lugar de trabajo tóxico con personas que hacen comentarios desagradables a sus espaldas.

Todos somos criticados por algo, y no hay nada que se pueda hacer al respecto. Aunque no podemos evitar por completo que la gente nos juzgue, sí podemos dejar de permitir que nos afecte. Usted es la única persona que puede decidir qué es lo bastante importante para usted como para justificar que se le defienda. Es imposible complacer a todo el mundo, así que ¿por qué lo intenta siquiera?

Pierde su capacidad de ser usted mismo

Preocuparse por los demás limita su capacidad para ser espontáneo, asumir riesgos y simplemente disfrutar de la vida. También le impide ser creativo y hacer las cosas que le hacen feliz. Y aunque parezca que está montando un espectáculo para los demás, se perderá a sí mismo en el proceso porque se está frenando a sí mismo al tener en cuenta las opiniones de los demás.

A los demás no les importa tanto como usted cree

La gente está demasiado enfrascada en sus propias cosas como para preocuparse por las suyas. Tienen sus propios problemas e inseguridades que ocupan toda su energía mental. La mayoría de la gente está demasiado ocupada intentando pagar sus facturas, mantener su trabajo y llevar a sus hijos a la escuela como para preocuparse tanto como usted cree.

Simplemente no es tan importante

Usted caerá bien a algunas personas y a otras no, y eso es simplemente un hecho de la vida. Si quiere encajar o ser aceptado por un determinado grupo de personas, está bien. Pero no tiene que cambiar quién es para caer bien a todo el mundo. Puede ser usted mismo y seguir cayendo bien a la mayoría de la gente. Solo tiene que encontrar a las personas adecuadas. A los que de verdad les importas les gustarás por lo que eres, no por lo que conduces o el producto para el pelo que usas. ¿Por qué no intenta dejar de preocuparse tanto por las opiniones de los demás y se centra en ser la mejor versión de sí misma que pueda ser? Es la única forma de encontrar el tipo de felicidad que realmente busca.

Cómo dejar de preocuparse

Decir que no a las cosas es difícil, sobre todo cuando está deseoso de agradar y tiene tendencia a comprometerse en exceso, pero decir que no estratégicamente en lugar de por reflejo puede ser liberador. Le ahorra tiempo y energía y le ayuda a centrarse en lo que es más importante para usted. Hacer saber a la gente que su tiempo y su atención son limitados no le hace menos simpático o digno de confianza. Le hace más entrañable y admirable. He aquí algunos métodos que le ayudarán a dejar de preocuparse por decir que no y a ser asertivo para que pueda dedicar más tiempo a centrarse en las cosas que realmente le importan.

Cambie su mentalidad

Si se da cuenta de que se preocupa demasiado, puede deberse a que está intentando controlar la opinión que todo el mundo tiene de usted. Puede que quiera ser la persona que finge que le gustan las mismas cosas que a los demás para que nadie le juzgue. Si quiere dejar de preocuparse tanto, tiene que dejar de intentar controlar lo que piensan los demás. No puede controlar las opiniones de los demás, y pretender ser algo que no es solo acabará en desastre. Lo único que puede hacer es ser usted mismo y esperar que la gente le quiera por ello. Si se preocupa demasiado, recuerde que nadie puede leerle la mente. Es importante que abandone la idea de que tiene que agradar a todo el mundo y aprenda a aceptar que algunas personas le juzgarán independientemente de lo que haga.

Conozca su estilo de apego y la razón de ser de éste

Los estilos de apego son formas de describir cómo las personas establecen relaciones con los demás. Conocer su estilo de apego le ayudará a ser consciente de cómo responde a la presencia de los demás y del impacto que esas relaciones tienen en su comportamiento. Existen cuatro tipos de estilos de apego, y pueden caracterizarse de la siguiente manera:

- **Evitativo** (preocupado): Tienden a evitar acercarse a los demás y les resulta difícil entablar relaciones.

- **Ansioso** (desdeñoso): Muy inseguro en las relaciones, ansía la cercanía y se preocupa mucho.

- **Desorganizado** (temeroso-evitativo): Se siente a la vez ansioso por entablar una relación estrecha con alguien y preocupado por que la otra persona le rechace de alguna manera.

- **Seguro** (autónomo): Se siente seguro y confiado en su relación con otra persona. Pueden ignorar pequeños desacuerdos o diferencias de opinión sin sentirse demasiado estresados por ellos.

En la sociedad occidental, el estilo de apego seguro es el más común. Aproximadamente el 66 % de las personas en EE. UU., tienen un estilo de apego seguro, según una investigación publicada en la Biblioteca Nacional de Medicina (2016). Este tipo de apego se caracteriza por la autosatisfacción, la calidez y la sociabilidad.

Despréndase de lo que no es bueno para usted

Preocuparse demasiado es como una adicción, y puede romperla desprendiéndose de lo que no es bueno para usted. Puede ser su trabajo, su novio, sus amigos o los miembros tóxicos de su familia que le están chupando la vida. Si se preocupa demasiado, será adicta a ellos y ellos serán adictos a usted (codependencia). Una vez que note los signos de adicción, puede hacer un esfuerzo consciente para desvincularse de ellos. No tiene que poner fin a una relación, pero sí cambiar su forma de pensar sobre ella. No tiene que dejar su trabajo, pero puede cambiar su actitud al respecto. Preocuparse demasiado es a menudo una elección, así que puede elegir dejar de hacerlo. Tiene que retomar el control de su vida y tomar decisiones que sean buenas para usted. Por ejemplo, si tiene sentimientos negativos hacia su trabajo, entonces tiene que dejarlo.

Deshágase de la culpa y la vergüenza utilizando afirmaciones

Probablemente sepa que la culpa y la vergüenza no son buenos sentimientos, pero son emociones comunes que experimentamos cuando nos preocupamos demasiado. La culpa y la vergüenza pueden mantenernos estancados e impedirnos avanzar porque nos hacen sentir mal con nosotros mismos. La culpa y la vergüenza se basan en la creencia de que uno es malo o está equivocado. Cuando se preocupa demasiado, a menudo se juzgará y se sentirá culpable o avergonzado. Puede que se juzgue por comer algo que no es "sano", por guardarse sus pensamientos para sí mismo o por no preocuparse por algo que preocupa a los demás. Para deshacerse de la culpa y la vergüenza, escriba una lista de afirmaciones positivas, como por ejemplo:

- Dejo ir los recuerdos que me hacen sentir insignificante.
- Me doy el espacio para sanar.
- Perdonarme a mí mismo me permite perdonar a los demás.
- Mi compasión por mí mismo es infinita.
- Siento mis sentimientos, *de verdad.*
- Los acontecimientos de mi pasado me han formado para mejor.
- Está bien que siga adelante.
- Con el pasado detrás de mí, estoy en paz.
- Cuanto más perdono, más fuerte me hago.

Lea estas afirmaciones en voz alta (y créalas) cada vez que sienta culpa o vergüenza.

No permita que los demás dicten lo que usted hace

Esto puede sonar duro, pero las personas que se preocupan demasiado a menudo dejan que otras personas dicten sus vidas. Probablemente conozca al menos a una persona que vive de acuerdo con las expectativas de los demás. Si quiere dejar de preocuparse demasiado, tendrá que dejar de permitir que otras personas influyan en cómo vive su vida.

- Quizá no pueda cambiar a todo el mundo, pero puede dejar de permitir que ciertas personas le afecten.
- Usted tiene una vida que vivir, y no tiene que ser de acuerdo con las expectativas de nadie.
- Usted no es su familia, ni sus amigos, ni sus colegas, ni la gente a la que sigue en Internet.
- Tiene sus propios pensamientos, sentimientos y deseos que son únicos para usted.

Si quiere dejar de preocuparse demasiado y de que otras personas dicten su vida, tiene que empezar a ser usted mismo. No se preocupe por lo que piensen los demás. Diga lo que quiera y haga lo que le guste.

Recupere su paz mental

La única forma de dejar de preocuparse demasiado es dejar de permitir que sus pensamientos le gobiernen. La verdad es que a menudo todos somos víctimas de nuestros pensamientos, y éstos pueden ser muy tóxicos si no los reconocemos por lo que son. Puede que haya oído el dicho "La mente es un lugar peligroso". Es cierto. La mente puede ser un lugar muy peligroso. Se encontrará a sí mismo dejándose llevar por sus pensamientos y arruinando su estado de ánimo. Todos hemos tenido pensamientos negativos, pero cuando se preocupan demasiado, puede sentirse atrapado por ellos. Puede sentir que nada puede cambiar y que está condenado a sufrir el resto de su vida. Puede recuperar su tranquilidad utilizando afirmaciones positivas, la atención plena y la meditación. Estas herramientas le ayudarán a no dejarse atrapar por sus pensamientos y a dejar de preocuparse demasiado.

Adminístrese autocuidados con frecuencia

Cuidarse demasiado puede ser el resultado de descuidar sus propias necesidades. El autocuidado no es un lujo; es una necesidad. Si no se cuida adecuadamente, le resultará difícil establecer límites saludables, lo que le hará sentirse resentido y agotado. Así que, si quiere dejar de preocuparse demasiado, asegúrese de dedicarse regularmente tiempo a sí mismo. Esto significa prestarse la atención que necesita. El autocuidado es diferente para cada persona, por lo que no hay una forma correcta o incorrecta de hacerlo.

- A algunas personas les gusta practicar yoga, meditar o pasar tiempo en la naturaleza.
- A otras les gusta leer, pintar o escribir.

Independientemente de cómo elija practicar el autocuidado, recuerde que debe ser algo que le guste hacer y que debe hacerse de forma constante.

Medite a diario

Experimentará altos niveles de ansiedad si se preocupa demasiado. Esto puede ser extremadamente debilitante y puede dejarle atrapado en un ciclo de negatividad. En cuanto sienta que se preocupa demasiado, debe tomar medidas para calmar su ansiedad. La mayoría de la gente no tiene la suerte de que la ansiedad desaparezca por arte de magia de la noche a la mañana, así que tendrá que encontrar formas de sobrellevarla mientras persista. Una de las mejores formas de hacerlo es meditar. La meditación es una gran ayuda porque le enseña a estar más en sintonía con sus pensamientos. Al observar sus pensamientos, en lugar de dejarse envolver por ellos, puede aprender a dejar ir los negativos más rápida y fácilmente. Esto evitará que su ansiedad se descontrole.

La meditación ayuda a despejar el desorden de su mente y le permite centrarse en lo que realmente importa

https://unsplash.com/photos/UXR-t8CZ1U

Manténgase fiel a sus valores

Su tendencia a preocuparse demasiado puede reflejar una falta de orgullo por lo que usted es. Ya sabe, ¿la persona que no prueba cosas nuevas porque tiene demasiado miedo de parecer tonta y que siempre dice "no, gracias" a las invitaciones porque teme ser rechazada? Cuando se preocupa demasiado, necesita recordar lo que es importante para usted y asegurarse de que no está comprometiendo sus valores para complacer a otras personas. Si le resulta difícil dejar de preocuparse tanto, puede resultarle útil empezar a escribir una lista de sus valores. Esto le ayudará a identificar lo que es importante para usted y le facilitará mantenerse firme cuando alguien intente presionarle para que haga algo que no quiere hacer.

Mantenga la amabilidad y la calma al decir "no"

Decir "no" es difícil para muchas personas. Cuando le piden que haga algo, es natural sentirse presionado para decir que sí. Sin embargo, decir "no" cuando no quiere hacerlo solo hará que se enfade. En su lugar, intente mantener la calma y el respeto cuando alguien le pida que haga algo. Esto le ayudará a evitar tomar una decisión precipitada que podría perjudicarle tanto a usted como a la persona que se lo pide. Además, recuerde que decir "sí" no significa necesariamente que esté de acuerdo con todo lo que le piden, especialmente en el trabajo. En todo caso, ¡solo significa que se está abriendo a más trabajo y responsabilidad!

También puede declinar amablemente una invitación o sugerir que otra persona se encargue de una tarea diciendo algo como: "Sería estupendo que (persona) se encargara de esta tarea en su lugar porque (razón). Esperaba que pudiéramos terminar X para la fecha Y. Hágame saber si hay algo que pueda hacer".

Si quiere cambiar su comportamiento, tiene que aprender a decir "no" sin sentirse culpable. Recuerde que no tiene que hacer nada que no quiera, aunque sus amigos le estén presionando. Para que le resulte más fácil decir "no", empiece a practicar la frialdad y la calma al hablar. Esto hará que le resulte más fácil desprenderse de la culpa que puede conllevar decir "no" y le ayudará a dejar de preocuparse por la reacción.

Es fácil dejarse llevar por las opiniones de los demás. Pensar más en lo que dicen puede hacer mella en nuestra autoestima y confianza. Cuando no le importa lo que los demás piensen de usted, sus opiniones no importan porque no merece la pena preocuparse por ellas. Pensando así, puede ser usted mismo, y eso es lo que le hace único. Sea usted mismo, ¡y no deje que las opiniones de los demás dicten quién es! También debe recordar que cada uno tiene su propia opinión. No todo el mundo estará de acuerdo con los demás, y a veces incluso puede que alguien diga algo que no es cierto, pero no importa porque solo se trata de una persona en un día.

Capítulo 7: 11 formas de mostrar asertividad con el lenguaje corporal

La asertividad es clave en muchos aspectos de la vida, ya sea en una entrevista de trabajo, en una reunión social o en un acto para establecer contactos. Y aunque puede ser fácil desprender confianza cuando se está de pie y mezclándose, sentarse puede ser una historia completamente diferente. Después de todo, cuando no se está moviendo, puede ser más difícil proyectar un aire de tranquilo control. Entonces, ¿cuál es el secreto para parecer asertivo permaneciendo sentado? La respuesta puede sorprenderle, y es evitar moverse inquieto.

El lenguaje corporal es una poderosa herramienta que puede utilizar cuando intente ser asertivo
https://unsplash.com/photos/mSzCl0H4beY

La asertividad está ampliamente considerada como un rasgo positivo. Las personas asertivas suelen ser vistas como seguras de sí mismas y con el control. También tienen más probabilidades de salirse con la suya, tanto en las interacciones personales como en las negociaciones. Pero ¿qué ocurre si usted no es asertivo por naturaleza? ¿Aún puede cosechar los beneficios de esta deseable cualidad? La asertividad desempeña un papel importante en la comunicación eficaz. Implica defender sus derechos de forma respetuosa y asegurarse de que se satisfacen sus necesidades y se escuchan sus opiniones. Aunque la asertividad tiene que ver sobre todo con lo que dice y cómo lo dice, su lenguaje corporal también forma parte de esta comunicación. Cuando se sienta seguro de sí mismo y listo para hacerse valer, mantenga su lenguaje corporal abierto y relajado. Eso significa ponerse erguido, mantener el contacto visual y descruzar los brazos y las piernas. Estas señales no verbales transmiten que está listo para comprometerse y que no oculta nada ni intenta distanciarse de la situación. Por supuesto, también es importante ser consciente del contexto cultural en el que se está comunicando. En algunas culturas, la asertividad se valora más que en otras. En general, mantener un lenguaje corporal abierto es una buena forma de demostrar que está dispuesto a entablar una discusión respetuosa. Aquí tiene 10 consejos que puede aprender y practicar para parecer asertivo.

Mantenga el cuerpo recto mientras está de pie

Cuando queremos mostrar asertividad a través del lenguaje corporal, una de las primeras cosas que hacemos es enderezar nuestra postura. Esto envía una señal a los demás de que tenemos confianza y control. Las personas que adoptan una postura "erguida y expansiva" son vistas como más poderosas que las que adoptan una postura más encorvada o cerrada. Esto se debe a que enderezar nuestra postura nos hace parecer más grandes y amenazadores para los depredadores potenciales. En el reino animal, esto se conoce como "exhibición de dominancia". Por el contrario, encorvarse o jorobarse nos hace parecer más pequeños y sumisos. Por lo tanto, mantenga el cuerpo erguido si quiere transmitir confianza y autoridad. Mantenerse erguido con los hombros hacia atrás es una buena forma de empezar.

Mantenga la cabeza alta en línea con la columna vertebral

Otra postura que ayuda a proyectar confianza es mantener la cabeza alta y la columna recta. Esto puede parecer demasiado sencillo, pero en realidad tiene un gran impacto en cómo le ven los demás. Según los científicos, nuestra postura puede afectar a nuestros niveles hormonales y a nuestro sistema nervioso, lo que, a su vez, influye en nuestro estado de ánimo y comportamiento. Por ejemplo, se ha demostrado que mantenerse erguido con la cabeza alta aumenta la testosterona y reduce los niveles de cortisol. Esta combinación de hormonas se asocia con la confianza, el poder y la asertividad. Además, una buena postura nos ayuda a respirar de forma más profunda y eficaz, lo que tiene un efecto calmante sobre el cuerpo y la mente. En cambio, cuando nos encorvamos, nuestra respiración se vuelve superficial y nuestros músculos se tensan, lo que nos hace sentir ansiosos y estresados.

Mantener la cabeza alta también da la impresión de que uno se siente cómodo en su propia piel y cree en lo que dice. Esto, a su vez, hace que sea más probable que los demás le escuchen y le tomen en serio. Por otro lado, encorvarse o jorobarse puede hacerle parecer nervioso o inseguro, lo que hará más difícil que consiga transmitir su punto de vista. Así que la próxima vez que necesite ser asertivo, recuerde mantenerse erguido y orgulloso. Puede que le dé el impulso extra de confianza que necesita para hacer el trabajo.

Relaje los hombros

Relajar los hombros también forma parte del lenguaje corporal que debe aprender para parecer seguro de sí mismo. Al no encorvarlos, parecerá que tiene más confianza y control. La ciencia detrás de este hecho es que los hombros encorvados significan *sumisión* y la relajación señala *dominancia*. Relajar los hombros le hace parecer más abierto y receptivo, enviando el mensaje de que tiene confianza en sí mismo y está listo para entablar una conversación. Cuando encorvamos los hombros, se activa la respuesta al estrés en nuestro cerebro. Esto hace que liberemos la hormona cortisol, que puede provocar sentimientos de ansiedad y vulnerabilidad. Por otro lado, cuando relajamos los hombros, se envía una señal a nuestro cerebro de que estamos seguros y relajados.

Esto ayuda a reducir los niveles de cortisol y favorece los sentimientos de calma y confianza.

A nivel psicológico, relajar los hombros transmite que se siente cómodo consigo mismo y con su situación. Demuestra que no se siente intimidado y que está dispuesto a comprometerse. Puede ser una forma eficaz de imponerse, sobre todo en los casos en los que se sienta superado en número o en combate. A menudo puede suavizar las situaciones tensas y salir airoso mostrándose tranquilo y confiado. Así que la próxima vez que se encuentre en una situación en la que necesite mostrar cierta asertividad, recuerde relajar los hombros y mantenerse firme.

Mantenga su peso equilibrado sobre ambos pies

La mayoría de la gente entiende que la asertividad es una cualidad importante cuando necesita defenderse y comunicarse eficazmente para conseguir lo que quiere, ya sea en su vida personal o en su carrera profesional. Una forma de hacerlo es mantener el peso equilibrado en ambos pies. La ciencia que hay detrás de esto es en realidad bastante interesante. Cuando nos sentimos amenazados o inseguros de nosotros mismos, tendemos a desplazar nuestro peso hacia un pie para estar preparados para huir si es necesario. Esta respuesta de "lucha o huida" es instintiva y está cableada en nuestro cerebro. Sin embargo, al mantener el peso equilibrado sobre ambos pies, está enviando una señal a su cerebro de que no se siente amenazado y de que tiene la confianza suficiente para mantenerse firme.

En un plano más psicológico, permanecer de pie con el peso equilibrado transmite calma y compostura, dos cualidades que son esenciales y que demuestran asertividad. Demuestra que no está agotado ni nervioso y que es capaz de manejar cualquier situación en la que se encuentre. Además, puede ayudarle a parecer más alto y dominante, otra ventaja a la hora de hacerse valer. Así que la próxima vez que necesite mostrarse firme, ¡recuerde mantener el peso equilibrado sobre ambos pies!

Siéntese recto con los hombros hacia atrás y el pecho abierto

La mayoría de la gente sabe que sentarse recto con los hombros hacia atrás es bueno para la postura. Pero ¿sabía que también puede hacerle parecer más asertivo? Cuando se sienta recto, está enviando un mensaje a su cerebro de que tiene el control y está listo para enfrentarse al mundo. Esta postura transmite confianza y poder y envía el mensaje de que usted tiene el control. La ciencia detrás de esto es que cuando nos sentamos erguidos, en realidad estamos engañando a nuestro cerebro para que piense que somos más poderosos de lo que realmente somos. Esto se debe a que sentarse recto ocupa más espacio y el cerebro lo interpreta como una señal de dominio. Además, cuando abrimos el pecho, resulta más fácil respirar profundamente, lo que ayuda a calmar y relajar el cuerpo. Así que esta postura no solo le hace parecer más asertivo, sino que también puede ayudarle a sentirse más seguro y en control. Este aumento de confianza puede ser muy útil cuando intente ser asertivo. Esto puede ser especialmente útil en los negocios u otros entornos profesionales.

Por supuesto, sentarse erguido no siempre es fácil, especialmente si está acostumbrado a encorvarse. Pero el esfuerzo merece la pena. No solo parecerá más asertivo, sino que también se sentirá más seguro y capaz. Así que adelante, ¡inténtelo!

Mantenga una mirada firme

Cualquiera que haya estado alguna vez en una reunión sabe que el lenguaje corporal es importante. Cuando intenta exponer un punto, quiere estar seguro de que transmite confianza y autoridad. Una de las mejores formas de exhibir autoridad es mantener la mirada fija en su interlocutor. Parece bastante sencillo, pero puede sorprender la cantidad de gente que deja que sus ojos se desvíen cuando está hablando. Al mantener la mirada fija, usted transmite que está concentrado y comprometido en la conversación. Y eso puede contribuir en gran medida a que su argumento sea más persuasivo.

Pero hay algo más que parecer seguro de sí mismo. Mantener la mirada enfocada también tiene algo de ciencia detrás. Un estudio publicado en NCBI por Daniel L. Schacter y Donna Rose Addis sobre la cognición demostró que es más probable que recordemos las cosas si las miramos directamente. Así que, si está intentando exponer un punto que quiere que la gente recuerde, mantener la mirada al frente le ayudará a asegurarse de que lo hagan.

Por supuesto, hay momentos en los que es apropiado romper el contacto visual. Respete sus deseos si está hablando con alguien a quien le incomoda el contacto visual sostenido. Pero, en general, mantener la mirada al frente es una forma estupenda de demostrar que se muestra asertivo y seguro de lo que dice.

Por qué es importante mantener el contacto visual cuando se intenta parecer asertivo

Encontrar la mirada de alguien es vital para las interacciones sociales, pero también puede ser una herramienta importante para la asertividad. Mantener el contacto visual con alguien demuestra que tiene confianza en sí mismo y que está dispuesto a entablar una conversación con esa persona. También puede ayudar a crear compenetración y confianza. Además de establecer contacto visual, envía un mensaje no verbal de que está interesado en lo que dice la otra persona. Si quiere ser más asertivo, establecer contacto visual es un buen punto de partida. He aquí algunos consejos para establecer contacto visual de forma asertiva:

- Comience estableciendo un breve contacto visual. No debe mirar fijamente, pero dejar que sus ojos se detengan un momento mostrará que está interesado y comprometido.

- Aumente gradualmente el tiempo que dedica a mantener el contacto visual a medida que avanza la interacción.

- Varíe su mirada entre los ojos, las cejas y la boca de la otra persona. Esto ayudará a evitar que las cosas se sientan demasiado intensas o espeluznantes.

- Si interrumpe el contacto visual, hágalo brevemente y luego retómelo donde lo dejó.

Al principio, mantener el contacto visual puede resultar extraño o incómodo, pero es una habilidad que se hace más fácil con la práctica. La próxima vez que esté en una conversación, intente prestar atención a su contacto visual y compruebe si marca la diferencia en lo asertivo que se siente.

Asegúrese de que sus brazos y piernas están descruzados mientras está sentado

Una forma de mostrar asertividad mientras está sentado es asegurarse de que sus brazos y piernas están descruzados. Puede parecer algo sin importancia, pero los expertos en lenguaje corporal afirman que puede marcar una gran diferencia. Cuando cruzamos los brazos o las piernas, enviamos un mensaje no verbal de que estamos cerrados y poco dispuestos a comunicarnos. Si mantenemos las extremidades abiertas, señalamos que somos accesibles y estamos dispuestos a entablar una conversación.

Hay afirmaciones científicas que lo respaldan. Un estudio publicado en la revista Ciencia Psicológica descubrió que los estudiantes que se sentaban con los brazos y las piernas sin cruzar tenían más probabilidades de ser vistos como interesados y comprometidos que los que se sentaban con los brazos o las piernas cruzados. Los investigadores creen que nuestro comportamiento de cruzar las extremidades tiene su origen en una necesidad humana básica de autoprotección. Cuando nos sentimos amenazados o incómodos, nos cerramos instintivamente al mundo que nos rodea. Por lo tanto, si quiere mostrarse seguro de sí mismo y asertivo, asegúrese de mantener los brazos y las piernas sin cruzar.

Evite inquietarse

Así es, moverse nerviosamente puede hacerle parecer más nervioso e inseguro de sí mismo, que es lo contrario de lo que quiere transmitir cuando intenta mostrarse asertivo. Pero ¿por qué el movimiento inquieto tiene este efecto?

Bueno, para empezar, el movimiento inquieto se asocia a menudo con la ansiedad y el nerviosismo. Cuando nos inquietamos, tendemos a concentrarnos más en nuestros movimientos que en la tarea que tenemos entre manos, lo que puede hacer que parezcamos dispersos y desconcentrados. El nerviosismo también puede distraer a los que nos rodean, desviando la atención de lo que estamos diciendo y dificultando que los demás comprendan nuestro mensaje y nos tomen en serio.

Así que, si quiere mostrarse asertivo mientras permanece sentado, intente evitar el movimiento inquieto en la medida de lo posible. Siéntese erguido, mantenga las manos en el regazo y mantenga el contacto visual con su interlocutor. Al hacerlo, transmitirá confianza y aplomo, cualidades esenciales para hacerse valer en cualquier situación.

Caminar de forma asertiva

Hay algunas cosas clave que debe recordar cuando camine asertivamente:

• Asegúrese de que su postura es erguida y segura

Cuando entra en una habitación, lo primero en lo que se fija la gente es en su postura. Si está encorvado o jorobado, envía el mensaje de que no tiene confianza en sí mismo o no es asertivo. Por el contrario, mantenerse erguido con los hombros hacia atrás transmite poder y autoridad. Una buena postura también le hace parecer más alto y delgado, lo que puede darle un impulso de confianza. Aunque no se sienta la persona más segura de sí misma del mundo, fingir hasta conseguirlo puede servirle de mucho. La próxima vez que entre en una habitación, manténgase erguido y alto y observe cómo le responde la gente. Puede que se sorprenda de la diferencia que supone.

• Dé pasos grandes y decididos

Cualquiera que haya visto una película o un programa de televisión sobre un personaje duro y sin pelos en la lengua sabe que suelen tener una cosa en común. Dan pasos grandes y decididos. Hay una razón para ello. Las personas que dan pasos más largos son percibidas como más asertivas y tienen más probabilidades de ser líderes. Incluso existe un término para ello: "confianza de pasos alargados". Por supuesto, alargar simplemente sus pasos no le convertirá en un macho o una hembra alfa. Pero puede ayudarle a proyectar confianza, lo que es importante en muchas situaciones. Así que, la próxima vez que necesite irradiar confianza, recuerde dar pasos largos. Puede que le dé la ventaja que necesita.

• Mantenga las manos a los lados

Cuando caminamos con las manos a los lados, proyectamos confianza y autoridad. Le estamos diciendo al mundo que nos sentimos cómodos en nuestra piel y que no tenemos miedo de ocupar espacio. Esto contrasta con caminar con las manos entrelazadas delante de nosotros, que puede hacernos parecer nerviosos y sumisos. Cuando nos sentimos amenazados, nuestro instinto natural es hacernos lo más pequeños posible para ser menos perceptibles para los depredadores. Al mantener las manos a los lados, estamos enviando una señal de que no tenemos miedo y de que no somos una amenaza. Esto puede ser muy útil en entornos de negocios o en cualquier situación en la que quiera aparentar confianza y control. Así que la próxima vez que necesite proyectar confianza, recuerde mantener las manos a los lados.

Utilice gestos con las manos que le hagan parecer más asertivo

• Señale con el dedo

Cuando quiera parecer asertivo, señalar con el dedo es la forma de hacerlo. No solo transmite confianza, sino que los estudios también han demostrado que puede hacerle más persuasivo. Por supuesto, hay una forma correcta y una incorrecta de hacerlo. Si señala con el dedo de forma demasiado agresiva, parecerá hostil. Por otro lado, si señala con el dedo demasiado tímidamente, parecerá inseguro. La clave está en encontrar el equilibrio perfecto entre ambos. Como con todas las formas de lenguaje corporal, es importante ser consciente del entorno y del mensaje que intenta comunicar. Cuando se utiliza correctamente, señalar con el dedo puede ser una poderosa herramienta de persuasión.

• Cerrar el puño

¿Se ha preguntado alguna vez por qué cerrar el puño se considera un gesto asertivo? Resulta que en realidad hay bastante ciencia y psicología detrás de ello. Para empezar, cerrar el puño hace que nuestros músculos se tensen, lo que nos da un impulso de energía y nos hace sentir más poderosos. Además, cuando cerramos el puño, nos preparamos inconscientemente para el modo de lucha o huida, lo que significa que es más probable que respondamos agresivamente a una amenaza percibida. Por último, las personas que cierran los puños son percibidas como más competentes y seguras de sí mismas que las que no lo hacen. Así que, la próxima vez que quiera enviar un mensaje de fuerza y poder, pruebe a cerrar el puño. Puede que le dé la ventaja que necesita.

• Coloque las manos en las caderas

Cuando coloca las manos en las caderas, es una forma no verbal de decir: "Aquí mando yo". El gesto ocupa espacio y le hace parecer más asertivo, lo que puede resultarle útil cuando intente dejar claro algo o llamar la atención de alguien. Pero ¿por qué este gesto de la mano tiene un efecto tan poderoso?

Tendemos a sentirnos más poderosos y seguros de nosotros mismos cuando ocupamos más espacio. Y cuando nos sentimos más poderosos y seguros de nosotros mismos, es más probable que nos arriesguemos y aprovechemos las oportunidades. Así que, si quiere irradiar confianza y autoridad, pruebe a colocar las manos en las caderas la próxima vez que tenga que exponer algo. Puede que descubra que le da el impulso extra de poder que necesita para hacer el trabajo.

Abandone el espacio asertivamente

Abandonar un espacio de forma asertiva puede ser complicado, pero recuerde que tiene derecho a hacerlo. Debe empezar por expresar claramente sus sentimientos y necesidades. Por ejemplo, podría decir algo como: "Necesito algo de tiempo para pensar en esto". Si la otra persona intenta persuadirle para que se quede, sea firme y repita con calma su petición. También es necesario escuchar lo que dice la otra persona y respetar su postura. Recuerde que no tiene por qué estar de acuerdo con ella, pero debe intentar ver las cosas desde su perspectiva. En última instancia, la decisión de abandonar o no un espacio de forma asertiva debe basarse en lo que sea mejor para usted. Si cree que permanecer en la situación sería perjudicial para su bienestar, entonces probablemente lo mejor sea marcharse.

Si se encuentra en una situación en la que necesita abandonar asertivamente un espacio, hay algunas cosas que puede hacer para asegurarse de que lo hace de forma respetuosa y clara. En primer lugar, es importante ser lo más específico posible sobre el motivo por el que se marcha. De este modo, no habrá confusiones ni malentendidos sobre sus intenciones. En segundo lugar, asegúrese de agradecer a la persona o personas a las que deja su tiempo y hospitalidad. Esto ayuda a suavizar el golpe y deja la puerta abierta a futuras interacciones. Por último, asegúrese de manifestar su intención de marcharse de forma firme y segura. Esto ayudará a evitar cualquier conflicto o resistencia. Siguiendo estos sencillos pasos, podrá abandonar asertivamente cualquier espacio con confianza y gracia.

Capítulo 8: Diga lo que piensa sin disculparse

¿Se está acostumbrando al dolor sordo que se hunde en su estómago cuando le piden que dé su opinión sobre algo, pero inmediatamente da en su lugar una mentira pacificadora bien practicada? ¿La idea de expresar sus sentimientos genuinos le resulta a la vez catártica y aterradora?

Desde luego, no es usted el único que se siente así. Este tipo de autocensura es más común de lo que cree, y se está generalizando junto con el crecimiento de los medios sociales.

Decir lo que piensa sin disculparse demuestra que cree en lo que dice
https://unsplash.com/photos/W3Jl3jREpDY

Hay una diferencia entre mantener creencias diametralmente opuestas a la norma y ser evasor de conflictos hasta un punto injustificado en cada situación. Ser apologético ante la mera idea de un conflicto no es saludable para usted a largo plazo, y probablemente ya sepa lo mucho que puede interferir en su vida cotidiana.

En este capítulo, profundizaremos en las posibles raíces de este comportamiento, por qué es difícil dejarlo ir y cómo puede llegar a un punto en el que pueda estar tranquilo cuando dice lo que piensa. Puede que le parezca que eso está fuera de su alcance, pero con algo de persistencia, esfuerzo y deseo, puede conseguir el tipo de confianza que le quitará un enorme peso de encima.

¿Por qué nos da miedo decir lo que pensamos?

Comprender cuál es la raíz de un problema es el primer paso para resolverlo. Analicemos por qué los individuos tienen un instinto de autoconservación tan fuerte, tanto que perjudica su vida social y su carrera profesional. Todo se reduce al miedo.

Miedo a perder el estatus

Ésta es una de las razones más comunes de la autocensura. Es fácil llevarse bien con la gente cuando no hay diferencias de opinión entre uno y otro. Sin embargo, eso es imposible porque no hay dos personas iguales. Incluso si estuviera hablando con un clon de usted mismo, probablemente diferiría en alguna opinión.

Este temor ocurre todo el tiempo entre individuos. Hay veces en las que dos personas se enzarzan en una discusión y salen teniendo menos respeto la una por la otra. Los seres humanos somos criaturas sociales, y buscar la aprobación no es una adicción oscura. Para las personas complacientes, el disgusto o la desaprobación evidentes de alguien pueden sentirse como una patada en el estómago.

Esto no solo incluye opiniones que puedan ser controvertidas, sino que se extiende incluso a aficiones e intereses inofensivos. Este miedo es especialmente frecuente en adolescentes o adultos jóvenes que no quieren parecer raros o fuera de lugar, pero tampoco está ausente en los adultos mayores.

Por la fachada que pone, sacrifica su salud mental y las verdaderas conexiones que podría estar formando con la gente. Con el tiempo, puede sentir que sus amigos y familiares no le quieren realmente. Más bien, aman al personaje que usted ha estado interpretando, que puede adaptarse para apaciguar a diferentes individuos. De hecho, usted es amado y merece experimentar una conexión genuina, pero es difícil romper el voto de silencio arraigado en usted.

Miedo al cambio

Aunque usted se considere un individuo muy espontáneo y de espíritu libre, a todo el mundo le reconforta la rutina. Encerrarse en sí mismo para preservar sus cómodos hábitos es algo que puede aportarle cierta tranquilidad a corto plazo, pero que en realidad está perjudicando su bienestar mental a largo plazo.

Cada vez que nos enfrentamos a una decisión que elegimos evitar, disminuye nuestro autocontrol. Cuanto más a menudo luchamos por tomar la decisión "correcta", menos probable es que lo hagamos en la siguiente ocasión. Tanto la capacidad de decisión como el autocontrol son recursos limitados, y se agotan rápidamente. Un estudio descubrió que empezamos a mermar nuestro autocontrol tan solo cuatro minutos después del proceso de toma de decisiones. En la marca de los 10 minutos, una parte significativa de nuestro autocontrol ya se ha degradado. Esto conduce a la fatiga mental.

Las rutinas nos ayudan a reducir el estrés y la fatiga mental porque no tenemos que pensar activamente en las acciones que vamos a realizar y obtenemos una "recompensa" por completarlas. Si algo le saca del ritmo que ha estado bailando todos los días, siente como si su salud mental se viera amenazada.

La familiaridad y la rutina aportan comodidad, pero a veces no debería sentirse cómodo con ciertas cosas. Puede sentir que complacer a un familiar temperamental o a un superior en el trabajo le mantiene a salvo, y adopta ese enfoque con otras personas. Por supuesto, esto le mantiene temporalmente a salvo de los conflictos, pero paga por su patrón ininterrumpido de silencio y complacencia renunciando a su derecho a la autoexpresión.

Miedo a la vergüenza o a ser inadecuado

Si mide el éxito de cada interacción por la aprobación de los demás, puede sentir que cada elección que hace puede ser una elección "correcta" o "incorrecta". Si toma la decisión "incorrecta", dejará al descubierto lo mucho que se queda corto, normalmente en inteligencia. Esto provoca sentimientos de inadecuación y vergüenza.

Este miedo es sorprendentemente común en los perfeccionistas y en los que piensan demasiado, aunque en realidad no haya habido ningún acontecimiento que haya paralizado y aterrorizado a estos individuos a la hora de cometer un error de este tipo.

Todos nos sentimos inadecuados hasta cierto punto, pero los sentimientos persistentes de inferioridad que le convencen de que no tiene valor no son normales. Esta mentalidad puede hacer que el mundo parezca un lugar mucho más hostil de lo que realmente es, haciéndole sentir perpetuamente inseguro.

Otros miedos

Puede haber innumerables razones por las que alguien tenga miedo de decir lo que piensa. Si su situación no está representada en esta lista, no significa que sea menos válida o que carezca de importancia. De hecho, si tiene un miedo más específico, es aún más importante que se siente con sus sentimientos y trate de darles sentido.

También se ha demostrado que el miedo a decir lo que piensa está relacionado con otros problemas de salud mental existentes, en particular la ansiedad. Si cree que su miedo a decir lo que piensa tiene su origen en algún otro problema de salud mental, es necesario que lo tenga en cuenta abordándolo desde la raíz. Por ejemplo, si padece ansiedad, busque ayuda profesional si puede permitírselo, o pruebe algunos libros de autoayuda para aprender a aliviar algunos de los signos y síntomas.

Ira acumulada y resentimiento

Ya hemos hablado bastante sobre el miedo, pero ¿qué hay de la ira? Al fin y al cabo, la ira se utiliza a menudo como máscara del miedo.

Cuanto más tiempo se niegue a sí mismo la libertad de expresarse, más enfadado y amargado estará. En algún momento, por lejano que sea el futuro, esa ira se filtrará en su vida cotidiana, y la gente que le rodea lo notará. En ese momento, no es raro que se produzca un arrebato repentino o un colapso emocional.

Para alguien con miedo a que los demás conozcan sus verdaderas emociones, éste puede ser el resultado exacto que siempre ha intentado evitar a toda costa. La ira es una emoción como cualquier otra, y quiere ser libre. Sin embargo, no quiere expresar su ira haciendo daño a los demás o a sí mismo.

Usted quiere una forma más profunda de expresar esa ira, y herir a otra persona no es más que una expresión superficial de la ira. Si ha estado reprimiendo sus sentimientos negativos, esto puede suponer un alivio para usted. Sentirse obligado a reprimir su ira y embotellarla no es sano, pero hay formas de expresar su enfado de forma productiva y saludable. Después de todo, la ira es una señal de que hay una necesidad que no está siendo satisfecha. Céntrese en cuáles de sus necesidades no están siendo satisfechas en lugar de gastar energía y esfuerzo en su enfado, y dese cuenta de que solo puede satisfacer esas necesidades.

Cómo hablar sin pedir disculpas

Usted tiene el control

Cuando adoptamos una conducta extrema de evitación de conflictos, nos damos cuenta de los sentimientos que embotellamos en nuestro interior. Para alguien con un control tan férreo para asegurarse de no decir lo "incorrecto", puede sentir que los sentimientos de su interior están desbocados.

Tiene mucho más que decir sobre cómo se siente de lo que cree. Ser incapaz de decir lo que piensa sin pedir disculpas es un bloqueo mental. En el mundo real no hay nadie que le tape la boca cada vez que intenta hablar. La única persona que se lo impide es usted.

En la terapia cognitivo-conductual (o TCC), existe la idea de que sus pensamientos crean sus emociones. Si siempre se calla por defecto, es porque hay un guion automático corriendo por su cabeza cada vez que decide hablar o permanecer en silencio. Se llaman "pensamientos automáticos" porque los está pensando automáticamente, sin ningún esfuerzo.

Cuanto más tiempo lleve entrenándose para permanecer en silencio, más fácil le resultará tomar la decisión de callar, ya que es el camino que siempre ha tomado. Es el camino de menor resistencia. Aunque le deje frustrado consigo mismo, le resulta tan familiar y natural como respirar.

La relación entre el mundo exterior, sus pensamientos y sus emociones está intrincadamente interrelacionada. Si ocurre algo, usted comienza automáticamente a interpretar el acontecimiento. Su interpretación y percepción del acontecimiento crean su estado de ánimo, no el acontecimiento en sí.

Está sentado en una cafetería con un amigo y ambos charlan. Su amigo hace una broma sarcástica a su costa. Usted se lo toma en serio, pero decide no comentarlo porque no quiere parecer débil. Cuando vuelves a casa, lo que ha dicho su amigo le carcome por dentro. Se ha llevado un trozo de su propia confianza en sí mismo y de su afecto por su amigo.

¿Puede ver cómo su percepción creó sus sentimientos negativos sobre el acontecimiento? Si su percepción fuera correcta, sus sentimientos serían normales. Si su percepción es errónea, pone a prueba su mente al hacer coincidir la realidad y su percepción de esta. Esto se agrava por el hecho de que usted está predispuesto a no comunicarse de forma genuina y auténtica.

Distorsiones cognitivas

Si su percepción de la realidad es errónea, puede deberse a lo que se llama una "distorsión cognitiva". Las distorsiones cognitivas son pensamientos automáticos que tiene y que siguen un patrón negativo. Si solo se dice a sí mismo cosas negativas, no es de extrañar que sienta miedo de hablar todo el tiempo. He aquí una lista de distorsiones cognitivas y cómo pueden manifestarse:

Pensamiento de todo o nada. Si tiene tendencia a evaluar sus cualidades en blanco o negro, sufre de pensamiento de todo o nada. Se trata de una distorsión cognitiva habitual en los perfeccionistas. Por ejemplo: "Como soy incapaz de hablar bien, a pesar de mis esfuerzos, eso significa que soy un patético perdedor" o "Esa interacción social no fue todo lo bien que podría haber ido, así que soy incapaz de conectar con los demás". Es difícil existir como ser humano en un mundo en el que o se es un éxito rotundo o un fracaso total.

- **Sobregeneralización.** Es la tendencia a pensar que porque algo ha ocurrido una vez, es probable que ocurra siempre. Los humanos tendemos a creer las cosas que más hemos visto, por eso mucha gente cree en los trucos que se utilizan en el escenario y en los vídeos virales. Es propio de la naturaleza humana creer lo que más pruebas visuales tiene, pero puede llevarle a una conclusión falsa. Si alguien habla por encima de usted, puede pensar: "Esto siempre me pasa a mí. Nunca voy a poder decir una palabra". Probablemente no le pasen por encima cada vez que intenta hablar, pero se convence a sí mismo de que este patrón negativo ocurrirá perpetuamente y de que todas las personas que conocerá tendrán una personalidad prepotente. Esta sombría perspectiva no le está haciendo ningún favor.

- **Filtro mental.** Cuando selecciona los aspectos negativos de la interacción social e ignora totalmente los positivos, está dejando que solo entren pensamientos negativos en su mente. Si mantiene ocultos sus puntos de vista y oye que alguien se burla de ellos, piensa: "¡Así son todas las personas! ¡Egoístas, sin empatía e incapaces de pensar desde la perspectiva de otra persona!", aunque a lo largo de su vida, probablemente haya visto a personas que están de acuerdo con sus puntos de vista y los apoyan.

- **Sacar conclusiones precipitadas.** Cuando saca conclusiones precipitadas, concluye algo que no puede respaldar con hechos. Puede hacerlo pensando que sabe lo que piensan los demás o asumiendo que sabe lo que ocurrirá a continuación. Por ejemplo, si está a punto de decir algo, pero se calla en el último segundo, puede estar pensando: "He dicho lo que pensaba y mi amigo se ha callado. Deben de pensar que me equivoco y ya no les caigo bien" o "Si digo esto, mis amigos me van a odiar". De hecho, no se puede mirar en la mente de nadie y no se puede conocer el futuro antes de que ocurra. Quizá su amigo esté demasiado absorto en sus propios pensamientos y no es probable que le odie por un desacuerdo de opinión.

La técnica de la triple columna

La técnica de la triple columna fue desarrollada por el psicólogo de la TCC David Burns, y se ha convertido en una parte integral cuando se intenta cambiar el pensamiento negativo de las personas. Esta técnica le entrena para reconocer cuándo está experimentando una distorsión cognitiva y rebatirla manualmente hasta que acabe haciéndolo de forma automática.

Tome una hoja de papel y divídala en tres columnas. En la parte superior de la primera columna, escriba sus pensamientos negativos automáticos. En la parte superior de la segunda, escriba de qué distorsión cognitiva cree que procede su pensamiento negativo. En la parte superior de la tercera, argumente su pensamiento negativo con otro más racional.

Por ejemplo, digamos que quiere participar en un debate en el lugar de trabajo o en clase. Se detiene y los pensamientos que pasan por su mente son: *"No puedo decir nada porque no estarán de acuerdo conmigo o pensarán que soy estúpido. Nunca consigo serenarme durante estas discusiones. Siempre me entra el pánico, así que acabaré haciendo el ridículo. Es mejor quedarse callado porque si oyen que me tiembla la voz, pareceré patético".*

Cada uno de esos pensamientos debe escribirse y responderse por separado, aunque algunos pensamientos negativos pueden estar compuestos por dos o más distorsiones cognitivas. Abordémoslos uno a uno.

"No puedo decir nada porque no estarán de acuerdo conmigo o pensarán que soy estúpido". Este pensamiento negativo se deriva de sacar conclusiones precipitadas y del filtro mental. Un ejemplo de respuesta racional sería: *"No hay absolutamente ninguna manera de que yo sepa de antemano cómo reaccionarán los demás. ¿Y por qué su reacción está destinada a ser negativa, a estar en desacuerdo conmigo o a pensar mal de mí? Eso no es muy realista, y la gente suele ser educada incluso cuando no está de acuerdo con algo, por no mencionar que puede que alguien esté de acuerdo conmigo y se identifique con mi opinión, ¡lo que me haría ganar un amigo potencial!".*

"Nunca consigo serenarme durante estas discusiones; siempre me entra el pánico, así que haré el ridículo". Este pensamiento está causado por la sobregeneralización y por sacar conclusiones precipitadas. Una respuesta racional sería: *"Que haya tenido miedo a hablar en el pasado no significa que vaya a entrar siempre en pánico en el futuro. Es una profecía autocumplida porque ¿cómo voy a mejorar hablando si nunca practico? Además, nadie puede conocer el futuro antes de que ocurra, así que no me hace ningún favor suponer lo peor".*

"Es mejor quedarme callada porque si oyen que me tiembla la voz, pareceré patética". Este pensamiento automático está causado por sacar conclusiones precipitadas y el pensamiento de todo o nada. Una respuesta racional a esto podría ser: *"No mucha gente es tan cruel como para pensar que alguien tímido es automáticamente patético, pero para empezar no tengo forma de leerles la mente. Además, aunque dejen de pensar, no se me da muy bien hablar delante de los demás, lo que no me convierte automáticamente en patético. Simplemente no soy buena en algo, no un cero total, y mejoraré con la práctica. Incluso si meto la pata, es un paso adelante".*

No tiene por qué complicarse la vida a la hora de decidir qué distorsión cognitiva está experimentando realmente, ya que no es una ciencia exacta. Simplemente elija aquellas de las que crea que proviene su pensamiento, y con eso es suficiente. La cuestión es que no deje que sus pensamientos negativos automáticos se le escapen y le reduzcan antes incluso de que haya decidido ponerse en pie. Si hace esto lo suficiente, acabará sustituyendo sus pensamientos negativos por otros más racionales. El bloqueo mental que le impide decir lo que piensa habrá desaparecido y podrá ser con confianza su auténtico yo.

En el lugar de trabajo

Mientras aborda la raíz de su bloqueo mental, hay algunas interacciones para las que puede prepararse mientras tanto. Las interacciones en el lugar de trabajo pueden ser estresantes porque es posible que no conozca realmente a sus colegas, pero hay algunas interacciones por defecto con las que seguro se encontrará.

No tenga reparos en sustituir el "lo siento" por un "gracias". Es una gran mejora tanto para usted como para sus compañeros de trabajo. Si puede, complemente su gratitud con acciones.

Hay ocasiones en las que tiene que disculparse por haber metido la pata en algo. Esto es normal, ya que solo es usted un ser humano. Al disculparse, ponga el foco en la otra persona y no en usted mismo, y evite decir "lo siento" porque si lo dice demasiado a menudo, pierde su significado. Una disculpa auténtica debe centrarse en lo que hizo mal, en que entiende cómo le hizo sentir y en cómo lo arreglará. La empatía es clave.

Puede resultar tentador iniciar una conversación o un correo electrónico con un "Siento haberle molestado", pero no lo haga. Le empequeñece innecesariamente. Si necesita ayuda, no tiene remedio, así que no se menosprecie.

Con amigos y familiares

Es más fácil sentirse cómodo con la gente que conoce, pero existe un mayor riesgo de que le hagan daño o de herirles. Si quiere tener una conversación sincera con alguien que le importa, sea selectivo con quién se confía. Ábrase a ellos sin pedir disculpas, pero con la cabeza fría cuando haya elegido a esa persona.

No dude ni empiece a disculparse antes de que le hayan notificado que ha hecho algo mal. Disculparse automáticamente hace que parezca que realmente hizo algo mal, aunque no fuera así.

Exprese sus opiniones sin vergüenza, pero sea empático y mantenga las cosas civilizadamente. Cuando se sorprenda a sí mismo preocupándose por lo que piensa la otra persona, déjelo. Es imposible adivinarlo. Si le preocupa herir sus sentimientos, simplemente pregúnteselo. Siempre es mejor hablar las cosas que quedarse callado.

Capítulo 9: Cómo afrontar los conflictos y mantener su posición

¿Ha oído alguna vez el viejo adagio *"Si hacer lo correcto fuera fácil, todo el mundo lo haría"?* Hay mucho de cierto en esta simple afirmación. Hace falta verdadera disciplina para lograr el tipo de cambio que queremos ver en nosotros mismos y en el mundo; aprender a afrontar los conflictos y a mantenerse firme nunca es fácil. Hay que trabajar duro para lograr ese tipo de fe en uno mismo y para enfrentarse a las personas a las que quiere y cuyas opiniones respeta. Este capítulo le ayudará a dotarse de las herramientas necesarias para defenderse y, al mismo tiempo, minimizar los conflictos en la medida de lo posible. Aunque no siempre podrá conseguir que la gente acepte sus necesidades pacíficamente y sin apenas rechistar, puede esperar ese tipo de comportamiento y aprender a contrarrestarlo, sin castigarse demasiado.

Es importante afrontar los conflictos de frente y mantenerse firme

https://www.pexels.com/photo/black-couple-arguing-with-each-other-at-home-5699684/

Gestionar las expectativas

Mientras se prepara para los distintos conflictos, lo primero que debe tener en cuenta es gestionar sus expectativas. Para empezar, asegúrese de meterse esto en la cabeza. No importa lo que haga, seguro que habrá conflictos en la vida. Esto puede ser especialmente importante para usted si es un perpetuo complaciente de la gente que trata de eludir el más mínimo atisbo de disgusto. Las personas que se esfuerzan por complacer a los demás han perfeccionado este hábito normalmente porque crecieron con una dinámica familiar difícil. Luego, pasa el tiempo suficiente en el que estos mismos niños crecen hasta la edad adulta, sintiendo que si constantemente sacan lo mejor de sí mismos y hacen felices a los demás, entonces no tendrán que lidiar con ningún tipo de conflicto.

Desgraciadamente, no importa dónde se encuentre en la vida, está obligado a lidiar con algún tipo de conflicto. Esa debería ser su expectativa. A medida que se haga mayor, tendrá que tratar con muchos tipos diferentes de personalidades, y cada persona reaccionará de forma distinta ante usted en diversas situaciones. Pensar que puede eludir esta parte tan normal de la vida es lo que puede meterle en muchos problemas.

Por lo tanto, no intente evitar nada. Independientemente de la situación o del tipo de persona implicada, no podrá salir indemne de los conflictos. De hecho, es vital que afronte las cosas de frente y aprenda a mantener la compostura mientras lo hace. Ser evasivo puede empeorar mucho las cosas y provocar una especie de efecto bola de nieve que, a la larga, resulta inútil. Le sorprendería saber cuántas veces evita un asunto importante y se da cuenta de que ha creado un dolor de cabeza mucho mayor para todos los implicados.

Crear límites

Ahora que hemos establecido algunas expectativas importantes, es hora de pasar al siguiente paso crucial: mantenerse fiel a sus valores y establecer límites. Crear límites es un trabajo extremadamente duro en muchos sentidos, pero es necesario para mantener unas relaciones sanas con los demás y el respeto mutuo en todos sus tratos. Sin esto, todo en la vida le parecerá muy unilateral, y estará abocado a sentirse relegado en todo momento. Entonces, ¿cómo conseguirlo?

Una cosa que le será útil repetir una y otra vez en su cabeza es el siguiente mantra: *"Tengo el mismo derecho que los demás, y soy mi propia persona"*. Es sorprendente hasta qué punto permitimos a los demás una gran gracia, pero nunca nos la permitimos a nosotros mismos. Si cree que tiene los mismos derechos que los demás, el resto del trabajo será más fácil.

Por supuesto, todo esto es más fácil decirlo que hacerlo. Para comenzar a sentirse lo bastante fuerte emocionalmente como para poner en práctica unos límites saludables en la vida, tendrá que trabajar en dos aspectos: reforzar su autoestima y ejercitarse más en la autorreflexión. Los límites son una forma de cuidar de nosotros mismos, pero también son un poco difíciles de definir, ya que no son estructuras rígidas que la gente pueda ver y con las que sintonice de forma natural. Son algo que tenemos que encontrar constantemente formas respetuosas de resaltar nosotros mismos.

Si tiene unos límites sanos, podrá evitar sentimientos de resentimiento y decepción, que suelen producirse cuando uno siente que le están presionando. Estos límites pueden adoptar diversas formas, y van desde los rígidos a los profundamente porosos. Ni que decir tiene que ninguno de los dos extremos es tremendamente útil.

Las personas con límites muy duros tienden a mantener a la gente a distancia y a no dejar entrar a los demás, ni siquiera a sus parejas íntimas. No tienen muchas relaciones íntimas y, en algunos casos, las evitan como a la peste. Por otro lado, alguien que no establece buenos límites está abocado a verse excesivamente implicado en los problemas de los demás, a tener dificultades para decir que no a la gente y a complacer a los demás hasta el extremo para poder evitar sentimientos de rechazo. El trabajo de encontrar un término medio puede ser un reto, pero en última instancia es un proceso gratificante, ya que le ayudará a encontrar relaciones sanas y a aumentar los sentimientos de plenitud y felicidad.

Tipos de límites y creación de un equilibrio

Existen todo tipo de límites, desde los físicos y emocionales hasta los sexuales, pero su trabajo no tiene por qué centrarse en un solo ámbito. Tendrá que desarrollar un mayor sentido de sí mismo para lograr el tan ansiado equilibrio. Los pequeños hábitos saludables pueden tener un gran impacto. Por ejemplo, conózcase mejor a sí mismo y aprenda a hacerse algunas preguntas importantes. Si se siente realmente incómodo en una situación determinada, vale la pena preguntarse por qué. Sentirse más cómodo explorando sus sentimientos es una forma excelente de averiguar qué cosas le complace hacer, o no.

Hacer el trabajo de introducir límites puede llevar algún tiempo, y no sucede de la noche a la mañana. Por un lado, poner a prueba los límites puede ser más fácil en las relaciones nuevas que en las antiguas. Esto le permite establecer los límites designados desde el principio, lo que facilita el trabajo. De ese modo, puede hacer que la gente sepa a qué atenerse con usted y evitar sentimientos de dolor y confusión desde el principio.

Asegúrese de ser coherente en sus mensajes y no reniegue de los límites deseados: ir de un lado para otro y no establecer líneas claras hace exactamente lo contrario en lo que respecta a la difusión de conflictos potenciales. Además, podría encontrarse en la situación del "Pedro y el lobo" en la que las personas de su vida no pueden tomarse en serio sus preocupaciones. De hecho, mantener la coherencia le facilitará reforzar sus propias creencias y dar a conocer su umbral de tolerancia, evitando así fuentes de daño en el futuro.

Incorporar diferentes hábitos saludables también puede facilitarle el establecimiento de límites saludables a largo plazo. Por ejemplo, no sea tímido a la hora de pedir a sus seres queridos un poco de tiempo a solas cada semana, incluso si solo necesita una o dos horas a la semana, asegúrese de atenerse a su decisión y tómese el tiempo para usted. A las personas que se preocupan por usted no les parecerá una petición extraña; además, dedicar tiempo a la autorreflexión y a adquirir hábitos saludables es crucial para su sensación general de bienestar.

Si necesita ayuda para enfrentarse a problemas mayores o se da cuenta de que quizá otras personas de su vida no se toman bien su deseo de pasar tiempo a solas y establecer límites, puede plantearse una terapia. Hablar con un profesional sobre diferentes problemas interpersonales puede ser una forma estupenda de ver las cosas con claridad. Incluso unas pocas sesiones con alguien con quien se sienta cómodo le ayudarán a resolver problemas y a construir un excelente sentimiento de autoestima. Otros hábitos saludables a tener en cuenta incluyen escribir un diario y dedicar tiempo a hacer cosas que nutran su mente y su alma. Vaya a un museo, dé un paseo o lea un buen libro. En definitiva, dedique tiempo a fortalecer su sentido del yo. Cuanto más en sintonía esté con su sentido del ser, menos probable será que se encuentre en situaciones en las que se sienta disminuido o menospreciado.

En el ojo de la tormenta

Hasta ahora, hemos cubierto diferentes formas en las que puede reforzar su autoestima, conocer mejor sus límites, etcétera. Ahora, tenemos que cubrir lo que se puede hacer una vez que se encuentra en un conflicto. Alguien acude a usted y está descontento con una situación concreta, la conversación puede ser aún más difícil si se trata de alguien cercano a usted y a quien no quiere decepcionar. ¿Cómo lo manejaría sin dejar de mantenerse firme? Esta sección del capítulo le ofrecerá algunos consejos clave para ayudarle.

La primera habilidad que le ayudará en un momento así es **saber escuchar.** Algunas personas acaban poniéndose a la defensiva en cuanto alguien les plantea un problema. En general, es una mala táctica y puede hacer las cosas más difíciles de lo necesario. Ser capaz de escuchar un punto de vista opuesto y partir de un lugar de empatía en lugar de desestimar o enfadarse llega muy lejos. Es normal que queramos sentir que debemos defendernos si nos sentimos atacados, y algunas personas podrían agitarse al tener que escuchar una preocupación que les incomoda. Sin embargo, lo mejor suele ser sentarse, escuchar e intentar comprender de dónde viene la otra persona. A veces, la gente solo necesita estar en presencia de buenos oyentes, y eso puede disipar la tensión con bastante facilidad.

Por supuesto, eso no significa que se quede ahí sentado, esperando a ser un felpudo. El siguiente paso práctico que debe dar es intentar **averiguar el problema subyacente.** No todo el mundo es capaz de explicar sus verdaderas preocupaciones de un modo que resulte fácil o sencillo. Mucha gente puede adoptar una postura defensiva, tal vez a usted le ocurra lo mismo. Entonces, ¿qué hacer en esa situación? Una vez más, abordar la cuestión desde un lugar de empatía hará maravillas. Ciertos conflictos pueden surgir porque tienen su origen en cuestiones más profundas de la vida de esa persona. Por ejemplo, podría estar dejando a sus hijos en el colegio y encontrarse en una discusión con los padres de otro niño. Tómese un momento y averigüe qué está pasando realmente. Si se trata de alguien que conoce, tal vez pueda preguntarle cómo le va. Tal vez el padre o la madre estén pasando apuros en casa, atravesando un divorcio, y su mecha sea más corta de lo habitual. O han perdido a alguien querido. Tomarse el tiempo necesario para comprender a la persona y tratar el problema subyacente es una oportunidad para mostrar gracia y compasión sin quedarse corto.

Si el conflicto no se resuelve rápidamente y usted es incapaz de rebajar la tensión, puede que se pregunte qué camino tomar a continuación. La mayoría de la gente odia esta parte siguiente, pero es importante que afronte el problema de frente. Si el conflicto inicial levantó su fea cabeza y no retrocedió inmediatamente, entonces necesita fijar una reunión cara a cara. Algunas personas intentan hacerlo por correo electrónico, mensaje de texto o teléfono, pero esos son sustitutos bastante pobres del encuentro real. De hecho, a menudo empeoran mucho las cosas porque no se puede calibrar a una persona ni intentar resolver el conflicto en cuestión sin captar su lenguaje corporal, sus expresiones faciales o sus entonaciones vocales. Percatarse de estas sutilezas es necesario para resolver los conflictos y evitar que la situación empeore. Por supuesto, tener que sentarse cara a cara requiere cierto grado de valentía y no es algo agradable. Sin embargo, parte del trabajo que debe hacer es aprender a enfrentarse a sus miedos y obligarse a salir de su zona de confort.

Cambiar su mentalidad es otra gran parte del trabajo que necesita hacer. Cuando se enfrenta a algo hiriente, puede ser difícil no tomarse las cosas como algo personal. Sin embargo, si quiere afrontar el conflicto sin perder la calma ni sentirse pisoteado, recuerde que puede superar las cosas sin ponerse excesivamente a la defensiva. Es posible superar la discusión llegando a la cuestión de fondo sin ser el chivo expiatorio de los problemas de los demás, siempre que mantenga la calma y escuche adecuadamente.

A la inversa, si ha hecho algo para herir a otra persona y se enfrenta a esa realidad, haga **lo que corresponde a un adulto y asuma su responsabilidad**. No deberíamos querer imponer a otras personas normas que no nos esforzamos en mantener para nosotros mismos. Por lo tanto, si ha cometido un error o ha hecho que otra persona se sienta mal, simplemente asúmalo y discúlpese. Las relaciones no son unilaterales, y debería dedicar tiempo a mostrar a los demás el cuidado que se permite a sí mismo.

Por supuesto, la otra cara de la ecuación es que sin duda habrá momentos en los que tendrá que mantenerse firme. No permita que le echen toda la culpa de algo en lo que la responsabilidad es compartida o, al menos, equitativa. Nadie más que usted es su jefe, así que no permita que le mangoneen. Definitivamente es posible exhibir humildad y paciencia sin convertirse en un felpudo. Puede que le lleve mucho tiempo discernir la diferencia entre varios escenarios y averiguar cómo debe asumir la situación. En general, sin embargo, asegúrese de que le coge el truco a eso de mantenerse firme y establecer unos límites correctos para usted desde el principio. Solo así se asegurará de que no le falten al respeto o acabe sintiéndose torpedeado por los demás.

Decidir cuándo dar un paso atrás

Hasta ahora, hemos tratado qué hacer cuando alguien se enfrenta a usted, pero ¿cómo actuar si alguien ha cruzado una línea y tiene que ser usted quien se enfrente? Una vez más, evitar el problema durante mucho tiempo no es una buena idea y provocará mucho resentimiento. Debería acostumbrarse a llamar la atención cuando sea necesario. Hay momentos en los que puede decidir dejar pasar las cosas. Por ejemplo, ¿realmente quiere sentarse con un empleado que le ha irritado de vez en cuando, pero que en general hace un buen trabajo?

Entonces, sin duda hay escenarios en los que debe hablar claro. Si alguien le ha hecho un comentario cortante o usted ha estado expuesto a una microagresión en el trabajo, aprenda a plantear el asunto con calma y convoque una reunión. Asegúrese de celebrar esa reunión en privado, ya que la gente no se toma bien las críticas delante de los demás, y luego asegúrese de mantener la calma. Si la situación le resulta especialmente molesta, es posible que se emocione un poco, lo cual es natural y está bien que ocurra. Pero intente controlar su ira en la medida de lo posible, ya que rara vez es útil.

Lo siguiente que debe hacer es prestar atención a su tono y postura: el lenguaje corporal puede decir mucho y adoptar una postura combativa no será de ayuda. Comience a exponer sus argumentos y recuerde que no debe ponerse a la defensiva. Si la persona que tiene delante empieza a vacilar o a poner excusas por un comportamiento que le ha perjudicado, señálelo con firmeza y no acepte nada menos que una disculpa o alguna corrección del rumbo. Puede notar que el otro individuo querrá arrastrarle a una discusión totalmente diferente o hablar de cosas que sucedieron hace eones. No permita que eso ocurra. En lugar de eso, cíñase a su argumento principal y explique respetuosamente el asunto en cuestión. Y luego dé a la persona la oportunidad de responder. Puede ser útil escuchar su punto de vista sobre las cosas, y podría llegar a encontrar algún tipo de terreno común.

Sin embargo, si se encuentra en un punto muerto y la persona que tiene enfrente no es capaz de concederle el mismo nivel de respeto o simplemente no ve las cosas desde su punto de vista, no dude en dar por terminada la conversación. Puede que no sea la persona adecuada para usted y entablar una relación con ella puede resultar increíblemente tóxico. Si se trata de una persona con la que trabaja, aprenda a mantener las cosas sobre una base estrictamente profesional y guarde las distancias. Cualquiera que le falte al respeto y no se tome a pecho sus límites no merece su tiempo ni su energía, y está bien que siga adelante.

Hacer una evaluación

Después de una confrontación dolorosa, tómese su tiempo para lamerse las heridas. Después, repase la situación y revise cómo le hizo sentir. Hacer balance de lo sucedido puede resultar difícil, pero es importante ver lo que ha aprendido después. Estas situaciones incómodas pueden conducir a un enorme crecimiento personal, pero solo si se lo permitimos. Es natural sentirse herido y a la defensiva después de una conversación difícil, sobre todo si la resolución no salió exactamente como había planeado. En lugar de machacarse y tomarse las cosas como algo personal, utilice la situación como ejemplo de algo para lo que puede estar preparado la próxima vez que ocurra algo similar. Puesto que nunca podemos evitar los conflictos, lo mejor es intentar aprender lo que pueda e intentar no tenerles miedo cuando se produzcan. Las cosas se hacen más fáciles con el tiempo, y descubrirá que defenderse a sí mismo y aquello en lo que cree merece más que la pena.

Capítulo 10: Cómo ser asertivo en diferentes relaciones

La comunicación eficaz es esencial para transmitir su mensaje con claridad a otra persona. Sin embargo, a muchas personas les cuesta ser asertivas, sobre todo con las personas que conocen. Otras confunden la asertividad con la agresividad y acaban alejando a las personas que más les importan en nombre del establecimiento de límites. La clave de una comunicación eficaz es crear un equilibrio. Para hacerse entender, necesitará tener un estilo de comunicación entre agresivo y pasivo. Aquí es donde entra en juego la asertividad.

No importa lo sólida que sea una relación, a menos que comunique con confianza sus necesidades y límites, seguro que se sentirá decepcionada. La mayoría de las personas dudan en ser asertivas con sus parejas, familiares, amigos o compañeros de trabajo porque temen provocar conflictos no deseados. No todo el mundo reacciona positivamente a la asertividad o ni siquiera la acepta. Sin embargo, si alguna vez quiere que le tomen en serio, tendrá que ponerse firme. La comunicación asertiva le ayudará a conseguirlo.

Además de ayudarle a comunicarse con eficacia, ser asertivo puede mejorar significativamente la calidad de sus relaciones. ¿No se cansa nunca de los malentendidos y de no poder transmitir su mensaje? Con la comunicación asertiva, puede transmitir su mensaje a otra persona de tal forma que no haya lugar para la falta de comunicación o los malentendidos. Tanto si es padre o madre, pareja, hijo o hija, hermano o hermana, compañero o compañera de trabajo o amigo, ser asertivo en todas sus relaciones le ayudará en última instancia a mejorarlas.

Ahora que ha aprendido a poner en práctica una actitud asertiva en su vida, debe comprender cuáles son las mejores maneras de hacerlo con las personas que le rodean. Este capítulo le dará una guía práctica sobre cómo hacerlo. Cada sección expone consejos y técnicas que puede utilizar para poner en práctica un comportamiento asertivo en una relación concreta, así como algunos escenarios que le ayudarán a comprender cómo actuar en determinadas situaciones.

Relaciones familiares y románticas

Comunicarse de forma asertiva en su familia significa transmitir sus opiniones de forma clara, respetuosa y directa sin dejar lugar a la falta de comunicación. Una comunicación clara es esencial para tener una relación sana con los miembros de su familia y con su pareja romántica. ¿Se ha encontrado alguna vez en una situación en la que intentó comunicar algo, pero la otra persona lo perdió? O, en otro caso, ¿alguna vez se ha sentido mal después de haber sido irrazonablemente agresivo al hacer entender su punto de vista a un ser querido?

La comunicación pasiva o agresiva no le lleva a ninguna parte, especialmente cuando trata con su familia. Para tener una buena relación con su familia, ya sea su cónyuge, sus padres, sus hijos, sus hermanos u otros parientes, deberá tener confianza en sí mismo y valor para poner en práctica la asertividad en sus relaciones. No basta con esquivarles o intentar que le entiendan sin comunicarles claramente lo que piensa. Con la familia, mostrarse asertivo es especialmente difícil porque siempre se tiene miedo de herirles u ofenderles de alguna manera. Sin embargo, debe comprender que, aunque mostrarse asertivo pueda parecer demasiado directo o incluso grosero, no lo parece si lo hace correctamente. Pasar tiempo con la familia no debería ser una tarea, sino algo que le guste hacer. Comienza a sentirse como una carga cuando se enfrenta a conflictos o molestias. Algunas personas son más perturbadoras y tienden a portarse mal con los demás, por eso es esencial crear límites sanos.

La mejor manera de ser asertivo con la familia es reunir la fuerza suficiente para no perder los nervios con ellos. Hay una línea muy fina entre la asertividad y la agresividad, por eso debe tener cuidado al pisar esta línea. Esto no significa que deba ignorar las payasadas de la otra persona, aunque le estén incomodando, ya que esto se llamaría comportamiento pasivo. Lo que tendría que hacer en caso de conflicto o malentendido es afrontarlo de forma clara y directa.

Algunos consejos que puede seguir para ser más asertivo en las relaciones familiares son:

- **No tema decir lo que piensa.** Comunique claramente lo que quiere y lo que no quiere. Por ejemplo, si se siente incómodo discutiendo en un evento familiar con otro miembro de su familia, dígale claramente que no es un buen momento para discutir el conflicto. No se sienta presionado para discutir en ese momento. La asertividad no consiste en eso. Más bien, se trata de qué acciones se alinean mejor con usted.

- **Si alguien intenta escalar o iniciar una discusión con usted**, y usted no quiere complacerle, diga claramente que prefiere no tener la conversación en una reunión familiar. Esto no es ni agresivo ni pasivo. Un comportamiento agresivo habría sido empezar a discutir con el familiar allí mismo y en ese momento. Mientras que el comportamiento pasivo habría sido evitar o simplemente ignorar sus burlas o insultos. Tenga en cuenta que ignorarlos no es tan malo como ser agresivo, y si esto es con lo que se siente cómodo, seguramente debería seguir sus instintos.

- **Tratar con personas inseguras.** Algunas personas son conocidas por su personalidad discutidora e intentan menospreciar a todos los que les rodean. La mejor manera de tratar con estas personas es mediante una comunicación clara y directa, en lugar de irse por las ramas o intensificar el desacuerdo. Estas personas suelen ser muy inseguras y prosperan con la atención que obtienen de sus tontas discusiones. Para poner fin de forma asertiva a una discusión con ellos, puede decir: *"Acordemos no estar de acuerdo; usted tiene sus opiniones y yo las mías". "No perdamos más el tiempo con este tema".*

Para comprender mejor cómo puede implementar la asertividad en su comportamiento, especialmente cuando trate con la familia, considere estos escenarios:

Escenario 1:

Ha tenido un largo día de trabajo y acaba de llegar a casa. Encuentra la casa hecha un caos, con la ropa sucia esparcida por todas partes, los platos sucios desparramados por la encimera de la cocina y sus hijos peleándose por el mando de la televisión. Sus padres le han dejado una docena de mensajes pidiéndole que arregle algo urgentemente en su casa, y usted tiene trabajo propio que atender. Se siente sobrecargado, explotado y simplemente cansado. ¿Le resulta familiar esta situación?

El primer paso que debe dar para remediar esta situación es darse cuenta de si estos sucesos son frecuentes. Cuando lo haga, también tomará conciencia automáticamente de los sentimientos que le invaden cuando se enfrenta a estas situaciones. Estos pueden incluir:

- Sensación de cansancio, fatiga y de estar siendo manipulado.
- A menudo tiene la sensación de que se le da por sentado, a pesar de que gran parte del hogar depende de usted.
- Se enfada o frustra en cuanto entra en casa o intenta comunicarse con los miembros de su familia.
- Reprime su ira o pierde los nervios por las cosas más insignificantes.

Una vez que se haya dado cuenta de cómo se siente con respecto al trato al que le expone su familia, el siguiente paso es identificar cómo ha permitido que este comportamiento pase desapercibido. Por ejemplo:

- Permite que los niños queden impunes cuando se olvidan de ordenar lo que ensucian
- Permite ser el padre policía malo mientras su pareja siempre cede a los deseos de los niños
- Cuando alguien pierde algo en casa, es usted quien se encarga de buscárselo en lugar de hacer que se responsabilicen de sus pertenencias
- No ha pedido directamente ayuda a sus hijos o a su pareja para las tareas domésticas
- No ha hecho partícipes a sus padres de su apretada agenda

Por último, tiene que sustituir su comportamiento indulgente por una actitud asertiva para asegurarse de que no le sobrecargan ni le dan por sentado. Puede hacerlo:

- **Aclarando sus expectativas con respecto a sus hijos, su cónyuge y sus padres.** Los miembros de su familia no sabrán automáticamente que usted espera que le ayuden con las tareas domésticas o que se comporten de una determinada manera.

Los problemas de este tipo suelen producirse cuando las expectativas no se comunican adecuadamente. Puede hacerlo poniendo en práctica diferentes enfoques asertivos. Entre ellos se incluyen:

o Afirmaciones básicas: debe incluir una declaración básica de lo que espera de los miembros de su familia.

o Afirmación de pregunta: debe ser una pregunta que anime e invite a sus familiares a responder positivamente.

o Afirmación de empatía: esta afirmación debe transmitir que usted es considerado con los sentimientos de la otra persona, pero también comunica sus límites

o Afirmación de discrepancia: esta afirmación debe hacer referencia a una conversación o acuerdo anterior que no se cumplió

o Afirmación negativa: debe transmitir cómo se siente respecto a una determinada situación y por qué ve la necesidad de un cambio

o Afirmación de sanción: debe demostrar que se compromete a lograr el cambio que necesita, de una forma u otra. Este método suele funcionar bien con los niños.

Una vez que haya aclarado sus expectativas con enfoques asertivos, es posible que empiece a ver algunos cambios en el comportamiento de su familia. Si hacen lo que les ha pedido, puede reforzar su aserción elogiando y recompensando su comportamiento.

Como padre, puede que dude en poner restricciones a sus hijos. Al fin y al cabo, quiere proporcionarles la mejor vida. Sin embargo, esto podría dejarle incapaz de establecer límites sanos. Como resultado, usted lucha por controlar el comportamiento de sus hijos y ni siquiera consigue que sean lo suficientemente capaces de limpiar lo que ensucian. Y lo que es más importante, no consigue establecer límites en lo que se refiere a la cortesía y el respeto a los padres. Si quiere que sus hijos le traten con amabilidad y respeto en lugar de hacer berrinches o poner los ojos en blanco, tendrá que mostrar algo de asertividad paterna. Como bien sabe a estas alturas, la asertividad marca la pauta del respeto mutuo. Esto también es cierto en una relación paternofilial. Sin embargo, comunicarse asertivamente con su hijo no significa que usted se vuelva excesivamente autoritario o que no tenga en cuenta sus necesidades. La asertividad, en este caso, consistiría en decir con calma y claridad lo que quiere que hagan. Ni el comportamiento pasivo ni el agresivo pueden ayudar en estas situaciones. El comportamiento pasivo reforzaría el comportamiento injusto de sus hijos y el agresivo acabaría por alejarlos de usted. Por último, además de transmitir su mensaje de forma asertiva a sus hijos, también debería escucharlos activamente para que le expliquen las cosas desde su punto de vista.

Debería aplicar el mismo enfoque con sus padres. Si tiene una buena relación con ellos, no hay necesidad de utilizar la asertividad en su relación. Sin embargo, si tiene unos padres criticones, dominantes o manipuladores, necesita tomar una postura por usted mismo. Los padres difíciles creen que están en su derecho de criticarle y exigirle cosas. Para ser asertivo con sus padres, primero tendrá que identificar su relación con ellos. Por ejemplo, si siempre busca su aprobación o es irresponsable, es probable que le vean como a un niño y le traten como tal.

Primero tendrá que trabajar en su propio comportamiento para cambiar el comportamiento de ellos con usted. Deje de buscar su aprobación en cada asunto trivial; deje de actuar de forma irresponsable o imprudente cuando se trate de asuntos importantes. Cuanto más mejore usted y se comporte como un adulto maduro, más le respetarán sus padres. Esto no significa necesariamente que se independice por completo de sus padres, sino que debe ser lo suficientemente maduro como para establecer límites con ellos con confianza.

Escenario 2:

Siente que su pareja no le escucha. Cuando habla, tiene la sensación de estar hablando con una pared. Le dan respuestas de una sola palabra y no muestran ningún interés en conversar con usted.

El primer paso que necesitará dar para salir de esta situación es evaluar cómo se comunica con su pareja. ¿Está siempre quejándose? ¿O habla a espaldas de los demás? ¿O utiliza palabras duras e incendiarias? Si su estilo de conversación es problemático, entonces esto es lo primero que debe desaparecer. Es posible que a su pareja no le guste conversar con usted debido a su estilo y tono de voz. Un tono inadecuado puede hacer que la otra persona pierda fácilmente la atención, y puede que ni siquiera se dé cuenta de que su mente se desconecta automáticamente. Así que esfuércese por evitar quejarse demasiado o utilizar palabras duras.

Por otro lado, puede que haya empezado a quejarse y a utilizar palabras duras porque su pareja nunca le escucha. En este caso, necesita comunicar asertivamente sus sentimientos a su pareja. Para ello, no debe dirigirse a su pareja con otra queja ni mostrarse agresivo. En su lugar, utilice las técnicas lingüísticas específicas comentadas anteriormente en este libro para asegurarse de que realmente le escuchan. Además, también debe ser considerado con las necesidades y sentimientos de su pareja. Usted no sabe si han tenido un día agotador o quizá miserable. Desahogarse con su pareja es perfectamente comprensible. Sin embargo, también debería tener en cuenta su salud mental y sus necesidades.

Relaciones laborales

Las relaciones profesionales no son menos complicadas que las personales, quizá incluso más si no sabe cómo comunicar asertivamente sus necesidades a la otra persona. Ya sea jefe o empleado de alguien, la comunicación asertiva en su lugar de trabajo le garantiza que obtendrá los mejores y más precisos resultados de sus colegas. Cuando presenta su juego A de asertividad, sus necesidades y deseos se transmiten claramente a las demás personas. La comunicación asertiva es aún más importante en las relaciones profesionales, ya que un comportamiento pasivo no daría buenos resultados, mientras que un comportamiento agresivo crearía problemas en el espacio de trabajo. Algunos consejos para ser asertivo en el lugar de trabajo incluyen:

- Sea directo y claro sin ser ofensivo. Hay una línea muy fina entre el lenguaje asertivo y el agresivo. Manténgase respetuoso con los demás, pero comunique sus necesidades con claridad.

- Establezca contacto visual con otros empleados e incluso con sus jefes. El lenguaje corporal desempeña un papel importante a la hora de mostrar asertividad, como ya se comentó en un capítulo anterior.

- Un comportamiento asertivo no debe significar que no deja espacio para las opiniones o ideas de los demás. Sin embargo, debe transmitir su opinión de forma no negociable.

- Utilice frases con "yo" para mostrar asertividad, especialmente cuando se enfrente a un conflicto. Por ejemplo, en lugar de decir: "Deje de ocupar mi lugar de estacionamiento", podría decir: "Me siento molesto y frustrado cuando ocupa mi lugar de estacionamiento, y le agradecería que no lo hiciera".

- Aprenda a decir que no. En lugar de irse por las ramas e intentar rechazar la petición de alguien con una excusa, diga simplemente que no. Esto no dejará lugar a ninguna persuasión por su parte. Por ejemplo, en lugar de decir: "No creo que pueda trabajar un turno extra esta noche porque estoy ocupado con...", puede decir: "No. No quiero trabajar un turno extra esta noche".

- Practique la aplicación de técnicas de asertividad en situaciones de bajo riesgo en lugar de enfrentarse directamente a su jefe. Una vez que sepa cómo ser asertivo sin faltar al respeto, podrá enfrentarse a cualquier tipo de situación. Sin embargo, hasta que lo consiga, mantenga el control de sus emociones.

He aquí algunos escenarios por los que puede pasar para comprender mejor cómo afrontar de forma asertiva los conflictos y las situaciones en el lugar de trabajo:

Escenario 1:

Su compañero en un proyecto de alta prioridad ha estado holgazaneando. Sigue pidiéndole que haga usted la mayor parte del trabajo e inventa excusas para no poder completar sus tareas. Recientemente, le ha pedido que le cubra en una próxima reunión. Usted quiere decirle que no pero no quiere crear tensiones. Esto es lo que podría hacer

Pregunte a su compañero de trabajo si podrían tomarse un tiempo para tener una conversación sobre el proyecto. Siéntese con él y explíquele claramente que no puede hacer malabarismos con todo el proyecto usted sola y que necesita que él haga su parte. Puede que intente poner excusas en este punto, pero cierre cualquier excusa que oiga. Hágale entender que él también es responsable del proyecto y que usted no podrá terminarlo sin su ayuda. Durante toda esta conversación, no debe mostrarse agresivo o irrespetuoso con su compañero de trabajo, pero sí establecer límites claros sobre lo que puede y no puede hacer por él.

En muchos casos, concertar una reunión para discutir no siempre es posible. Muchas personas le presionarán para obtener una respuesta en ese mismo momento. En estos casos, asegúrese de decir claramente que no les hará ningún favor. Asegúrese de que la otra persona entiende su mensaje y no insista más.

Escenario 2:

Un compañero de trabajo convertido en rival habla constantemente a sus espaldas se burla de cada pequeña cosa que hace e interrumpe sus presentaciones con preguntas absurdas. Se siente incómodo cada vez que está cerca de ellos y, por mucho que intente ignorarlos, no parecen darse por vencidos.

Por desgracia, el acoso no se limita a la escuela y a menudo se observa en entornos laborales tóxicos. Algunas personas nunca superan sus tendencias acosadoras y arrastran la toxicidad a su vida profesional. La mejor manera de tratar con acosadores como éstos es enfrentarse a ellos de manera asertiva. Ponerse agresivo en un entorno de oficina no es la mejor idea, e ignorar los insultos burlones tampoco le llevará a ninguna parte. Debe dirigirse a esta persona con una comunicación clara, directa y reservada. Hágales saber que es consciente de que tienen un problema con usted. Comuníquele de forma directa, pero no agresiva que si sus payasadas no cesan, tendrá que denunciarlas a RRHH.

Muchas personas confunden la asertividad con la grosería. Sin embargo, no tiene por qué ser grosero si sabe cómo incorporar una postura asertiva a su actitud. Contrariamente a la creencia popular, tener una actitud asertiva en sus relaciones puede mejorar realmente la calidad de estas. No solo tendrá un vínculo más fuerte con la otra persona, sino que también se sentirá satisfecho y feliz con la relación en lugar de guardárselo todo dentro.

Conclusión

La asertividad, a menudo definida como la capacidad de expresar afirmaciones audaces y seguras sin disculparse, es una habilidad social compleja. Por ello, el primer paso para aprender a ser más asertivo es comprender lo que es y lo que no es. Una vez que se haya familiarizado con el concepto de asertividad, le resultará mucho más fácil entender por qué este comportamiento seguro de sí mismo puede resultarle difícil de expresar. Puede resultarle difícil decir lo que piensa en determinadas situaciones cargadas de emoción. En lugar de ser asertivo, usted entra en modo de huida o lucha. O puede que ser audaz le resulte demasiado prepotente y opte en su lugar por permanecer cortés y agradable.

Si pertenece a esta última categoría, es usted un complaciente. Es usted una persona que siente que debe dejar de lado su voz, su tiempo y su identidad, especialmente en situaciones difíciles. Para ser más asertivo, debe cambiar esta mentalidad. También le beneficiará fijarse límites saludables. Trazar las líneas del límite para su tiempo, energía emocional, espacio personal, valores morales, posesiones materiales, etc., es una habilidad esencial que todo el mundo debería poseer, al igual que lo es decir no sin vacilar ni sentirse culpable. Puede que le resulte incómodo porque no quiere causar un problema en sus relaciones. Pero ¿por qué debería decir que sí todo el tiempo y hacer caso omiso de sus propios deseos y necesidades?

Muchas personas se estresan al decir que no porque temen parecer ofensivas. O dudarán en expresar lo que piensan porque no quieren parecer prepotentes y autoritarios. Para preservar sus relaciones, debe encontrar un equilibrio saludable entre no preocuparse por las opiniones de los demás y ser inofensivo con las suyas. Aunque esto pueda parecer complicado, en realidad solo implica unos pocos pasos, como descubrir por qué le importa lo que piensen los demás y encontrar formas eficaces de poner fin a este comportamiento.

Una de las formas más fáciles de demostrar asertividad es a través del lenguaje corporal. La forma en que sostiene y mueve su cuerpo durante una conversación puede decir mucho de su confianza. Al mismo tiempo, puede dejar espacio para que los demás le muestren respeto siendo asertivo. Una vez dominado esto, debería pasar a aprender a decir lo que piensa sin resultar ofensivo. Las personas con baja autoestima y poca capacidad de asertividad suelen sentir la necesidad de disculparse cada vez que dicen lo que piensan. Este es otro comportamiento que necesita cambiar y este libro le ha proporcionado varias técnicas sobre cómo hacerlo en diferentes áreas de su vida.

Una vez que haya aprendido a decir lo que piensa en diferentes situaciones, le resultará más fácil manejar los conflictos. Mantenerse firme durante una discusión puede parecer más problemático que expresar su opinión durante una conversación normal. Sin embargo, hacerlo le da la capacidad de demostrar que usted tiene el control de sí mismo y los demás no. Por último, ha aprendido a practicar la asertividad en sus relaciones y a encontrar el equilibrio entre ser productivo en todos los ámbitos de la vida.

Vea más libros escritos por Andy Gardner

Referencias

Asertividad. (s.f.). Psychology Today.
https://www.psychologytoday.com/us/basics/assertiveness

¿Qué es la asertividad? (s.f.). Managementstudyguide.Com.
https://www.managementstudyguide.com/what-is-assertiveness.htm

(s.f.). Asertividad - una introducción. Skillsyouneed.com.
https://www.skillsyouneed.com/ps/assertiveness.htmlComunicación asertiva: Ejemplos, ventajas, técnicas. (20 de agosto de 2020). Healthline.
https://www.healthline.com/health/assertive-communication

Ben Richardson, A. (s.f.). Datos y estadísticas sobre la asertividad: [NUEVA investigación 2022]. Acuitytraining.co.uk.
https://www.acuitytraining.co.uk/news-tips/assertiveness-facts-research/

(c) Copyright skillsyouneed.com 2011-. (s.f.). Por qué la gente no es asertiva. Skillsyouneed.com.
https://www.skillsyouneed.com/ps/assertiveness2.html

Clyman, N. (20 de junio de 2020). Comprender la asertividad con ansiedad social: Lo que es y lo que no es. National Social Anxiety Center.
https://nationalsocialanxietycenter.com/2020/06/20/understanding-assertiveness-with-social-anxiety-what-it-is-and-what-it-is-not/

Margarita Tartakovsky, M. S. (3 de septiembre de 2015a). 3 obstáculos que le impiden ser asertivo y lo que puede hacer. Psych Central.
https://psychcentral.com/blog/3-obstacles-that-stop-you-from-being-assertive-what-you-can-do

Margarita Tartakovsky, M. S. (7 de septiembre de 2015b Psych Central. https://psychcentral.com/blog/5-more-obstacles-that-prevent-you-from-being-assertive). 5 obstáculos más que le impiden ser asertivo.

Onyeizugbo, E. U. (2003). Efectos del género, la edad y la educación sobre la asertividad en una muestra nigeriana. Psicología de la mujer trimestral, 27(1), 12-16. https://doi.org/10.1111/1471-6402.t01-2-00002

Psicología, W. (s.f.). ¿Por qué luchamos con la asertividad? Com.au.

SemiColonWeb, & tom_web_access. (28 de septiembre de 2021). Ser asertivo - ¿Por qué es tan difícil? Young Minds Network. https://youngmindsnetwork.com.au/being-assertive-why-is-it-so-difficult/

¿Qué es la asertividad? (18 de junio de 2021). Revolución de Aprendizaje y Desarrollo Ltd.

https://www.revolutionlearning.co.uk/article/what-is-assertiveness/

10 señales de que usted es una persona complaciente. (s.f.). Psychology Today. https://www.psychologytoday.com/us/blog/what-mentally-strong-people-dont-do/201708/10-signs-youre-people-pleaser

Ann. (16 de noviembre de 2021). ¿Qué hace a una persona complaciente? Los orígenes de agradar a la gente explicados. Labyrinthhealing.com; Labyrinth Healing LLC. https://labyrinthhealing.com/blog/what-makes-a-people-pleaser

¿Es usted un complaciente crónico? Cómo dejar de hacerlo (para siempre), de la mano de un terapeuta. (4 de octubre de 2022). Mindbodygreen. https://www.mindbodygreen.com/articles/how-to-stop-people-pleasing

¿Puede cambiar los rasgos de su personalidad? (16 de agosto de 2017). Society of Clinical Psychology | Division 12 of the American Psychological Association; Society of Clinical Psychology. https://div12.org/can-you-change-your-personality-traits/

Cherry, K. (13 de mayo de 2021). Cómo dejar de complacer a la gente. Verywell Mind. https://www.verywellmind.com/how-to-stop-being-a-people-pleaser-5184412

George, C. (8 de enero de 2020). 5 señales de que usted puede ser un complaciente de la gente y cómo dejar de serlo. Lifehack. https://www.lifehack.org/856814/people-pleaser

Glashow, C. (25 de noviembre de 2019). 11 razones por las que es usted una persona complaciente— anchor therapy, LLC. Anchor Therapy, LLC. https://www.anchortherapy.org/blog/11-reasons-people-pleaser-hoboken-jerseycity-hudson-county-nj-therapist-counselor

Manson, M. (17 de febrero de 2021). La guía de los límites fuertes en las relaciones. Mark Manson. https://markmanson.net/boundaries

Martin, S. (6 de agosto de 2019). Establecer límites con uno mismo: Una forma esencial de autocuidado. Live Well with Sharon Martin. https://www.livewellwithsharonmartin.com/setting-boundaries-with-yourself/

Pattemore, C. (3 de junio de 2021). 10 maneras de construir y conservar mejor los límites. Psych Central. https://psychcentral.com/lib/10-way-to-build-and-preserve-better-boundaries

Yuko, E. (21 de julio de 2021). Así es establecer límites saludables. Real Simple. https://www.realsimple.com/health/mind-mood/emotional-health/how-to-set-boundaries

Elliott, S. (7 de junio de 2019). Cómo decir que no sin sentirse mal por ello (contado por un complaciente con la gente). Flash Pack. https://www.flashpack.com/solo/wellness/how-to-say-no-be-assertive/

Anderson, A. R. (1 de junio de 2015). Aprenda a sentirse cómodo diciendo "no" o no estará disponible para decir "sí" cuando realmente importe. Forbes. https://www.forbes.com/sites/amyanderson/2015/06/01/learn-to-be-comfortable-saying-no-or-you-wont-be-available-to-say-yes-when-it-really-matters/?sh=1cd23fe6636b

LaDouceur, P. (s.f.). Cómo decir que no a las personas que le importan. Mentalhelp.net. . from https://www.mentalhelp.net/blogs/how-to-say-no-to-people-you-care-about/

Gohel, A. (9 de julio de 2020). Cómo decir no sin herir los sentimientos de nadie. Thriveglobal.com. https://thriveglobal.com/stories/how-to-say-no-without-hurting-someone-feelings/

Boyd, D. (29 de agosto de 2011). La vida cotidiana. The American Institute of Stress. https://www.stress.org/daily-life

Farah. (2 de noviembre de 2021). 9 razones por las que no debería importarle lo que los demás piensen de usted. Medium. https://medium.com/@farahable/9-reasons-why-you-shouldnt-care-what-others-think-of-you-711e73709266

Cómo afectan los estilos de apego a las relaciones adultas - Helpguide.org. (s.f.). https://www.helpguide.org/articles/relationships-communication/attachment-and-adult-relationships.htm

Lim, T. (16 de septiembre de 2014). 10 razones claras por las que no debería importarle lo que piensen los demás. Lifehack. https://www.lifehack.org/articles/productivity/10-clear-reasons-why-you-shouldnt-care-what-others-think.html

Moghadam, M., Rezaei, F., Ghaderi, E., & Rostamian, N. (2016). Relación entre los estilos de apego y la felicidad en estudiantes de medicina. Revista de Medicina de Familia y Atención Primaria, 5(3), 593-599. https://doi.org/10.4103/2249-4863.197314

Umberson, D., & Montez, J. K. (2010). Relaciones sociales y salud: un punto álgido para la política sanitaria. Revista de Salud y Comportamiento Social, 51 Suppl(1_suppl), S54-66. https://doi.org/10.1177/0022146510383501

Lenguaje corporal asertivo. (s.f.). Changingminds.org. http://changingminds.org/techniques/body/assertive_body.htm

Baird, A. (14 de agosto de 2017). Lenguaje corporal asertivo. Sensei. https://sensei.ie/assertive-body-language/

Hartley, M. (s.f.). Cómo desarrollar un lenguaje corporal asertivo. Maryhartley.com. https://maryhartley.com/how-to-develop-assertive-body-language/

Parvez, H. (20 de mayo de 2015). El lenguaje corporal: Significado de las manos en las caderas. PsychMechanics. https://www.psychmechanics.com/body-language-hands-resting-on-hips/

Thompson, M., III. (9 de enero de 2019). Cómo ser asertivo y defenderse de forma inteligente. Lifehack. https://www.lifehack.org/819319/how-to-be-assertive

Umoh, R. (17 de agosto de 2017). Cómo establecer contacto visual puede ayudarle a parecer más seguro en el trabajo. CNBC. https://www.cnbc.com/2017/08/17/how-making-eye-contact-can-help-you-appear-more-confident-at-work.html

Schacter, D. L., Addis, D. R., Hassabis, D., Martin, V. C., Spreng, R. N., & Szpunar, K. K. (2012). El futuro de la memoria: recordar, imaginar y el cerebro. Neuron, 76(4), 677-694. https://doi.org/10.1016/j.neuron.2012.11.001

Burns, D. D. (2012). Sentirse bien: La nueva terapia del estado de ánimo. Harper.

Detert, J. R., & Edmondson, A. C. (1 de mayo de 2007). Por qué los empleados tienen miedo a hablar. Harvard Business Review. https://hbr.org/2007/05/why-employees-are-afraid-to-speak

Rosenberg, M. B. (2015). La comunicación no violenta 3ª edición. Puddle Dancer Press.

Vohs, K. D., Baumeister, R. F., Schmeichel, B. J., Twenge, J. M., Nelson, N. M., & Tice, D. M. (2014). La toma de decisiones perjudica el autocontrol posterior: Una cuenta de recursos limitados de la toma de decisiones, la autorregulación y la iniciativa activa. Motivation Science, 1(S), 19-42.

https://doi.org/10.1037/2333-8113.1.s.19

9 pasos para afrontar los conflictos entre iguales. (18 de febrero de 2019). Soundview Executive Book Summaries; Soundview Book Summaries. https://www.summary.com/magazine/9-steps-for-dealing-with-peer-conflict/?msclkid=5a41af98be141be2f54ccce8aa437be9&utm_source=bing&utm_medium=cpc&utm_campaign=L-%20%20Blog%20Dynamic%20Target&utm_term=Magazine&utm_content=Blog%2Fmagazine%20Target

Pattemore, C. (3 de junio de 2021). 10 maneras de construir y conservar mejor los límites. Psych Central. https://psychcentral.com/lib/10-way-to-build-and-preserve-better-boundaries

Angélica. (6 de junio de 2019). Comunicación asertiva con su familia. Exploring Your Mind. https://exploringyourmind.com/assertive-communication-with-your-family/

Ser asertivo: Reduzca el estrés, comuníquese mejor. (13 de mayo de 2022). Mayo Clinic. https://www.mayoclinic.org/healthy-lifestyle/stress-management/in-depth/assertive/art-20044644

Gaither, J. (17 de julio de 2009). Cómo calmar a alguien. Our Everyday Life. https://oureverydaylife.com/calm-someone-down-5188465.html

Jusic-LaBerge, D. (25 de septiembre de 2018). La comunicación asertiva le ayudará a crear un vínculo emocional con su pareja. https://www.behereandnow.com/assertive-communication-in-love/

Sese, C. (13 de enero de 2015). 6 consejos para ser más asertivo en el trabajo. Goodtherapy.org Therapy Blog. https://www.goodtherapy.org/blog/6-tips-for-being-more-assertive-at-work-0113155